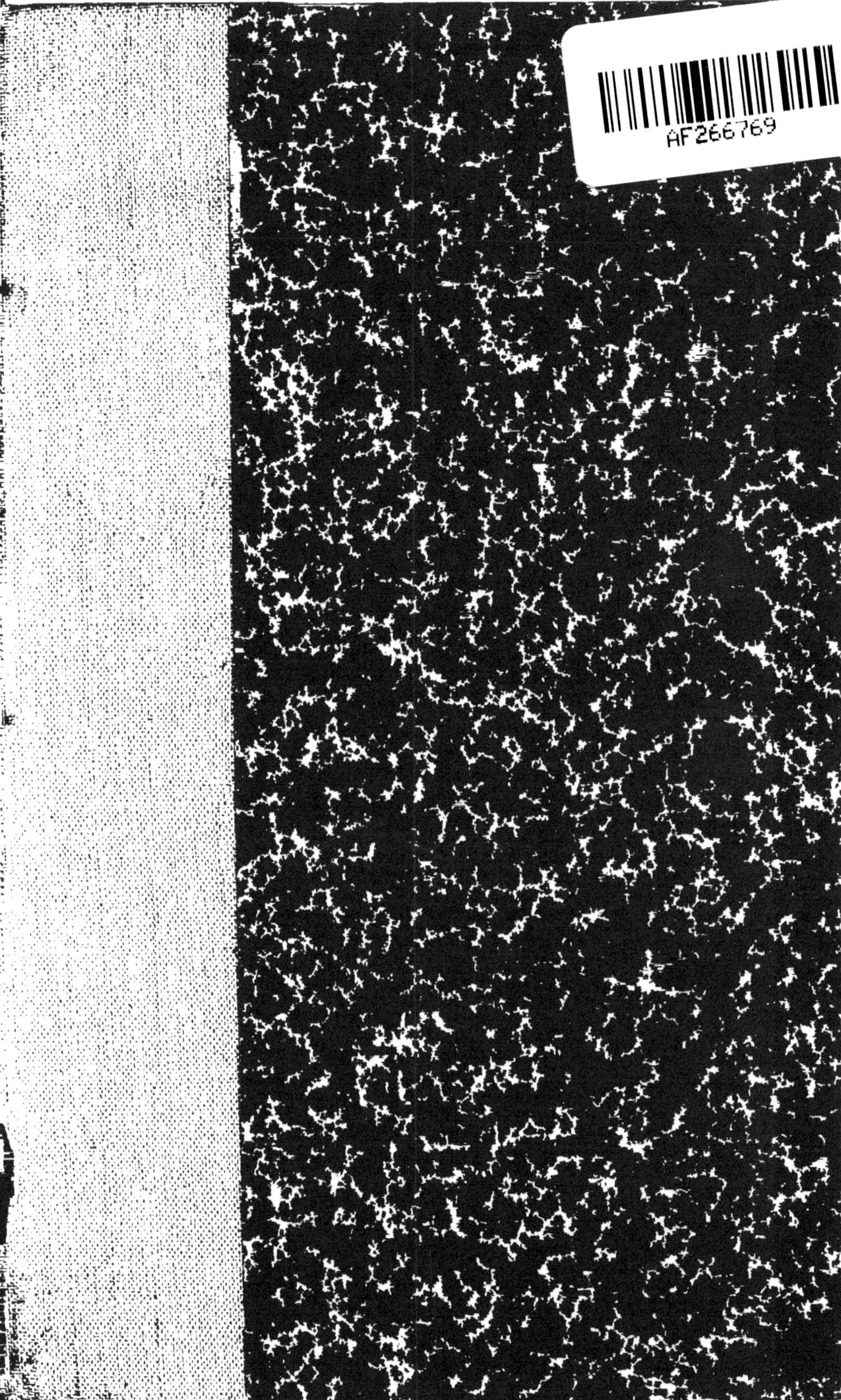
AF266769

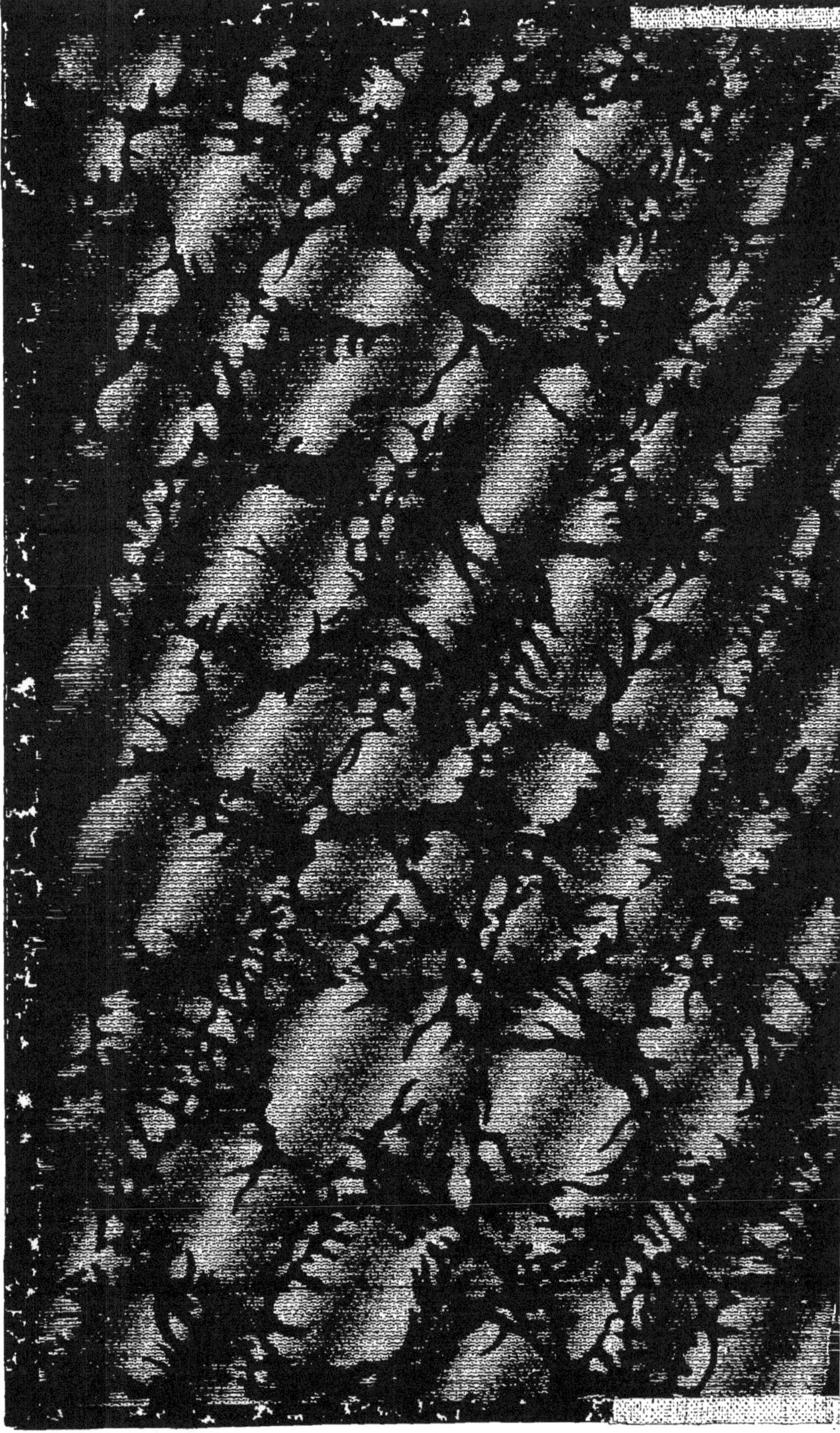

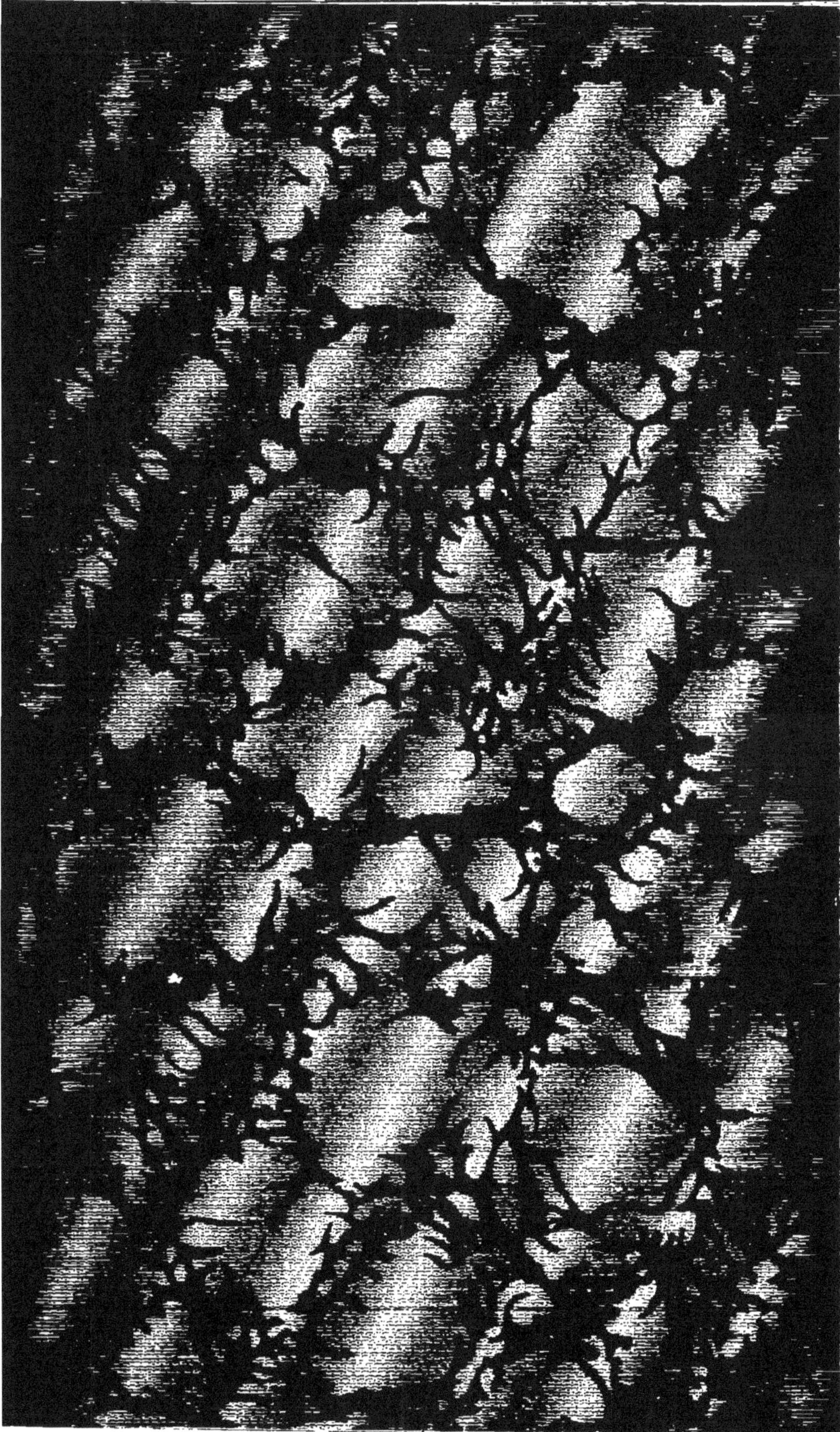

STEMPFER-REL.

LA JEUNESSE

DE

SAINT AUGUSTIN

$I_m{}^{27}$

34035

POITIERS. — TYPOGRAPHIE OUDIN.

LA JEUNESSE

DE

SAINT AUGUSTIN

D'APRÈS SES CONFESSIONS

PAR

LE P. CHARLES CLAIR

DE LA COMPAGNIE DE JÉSUS

LIBRAIRIE H. OUDIN, ÉDITEUR

PARIS	POITIERS
51, RUE BONAPARTE, 51	4, RUE DE L'ÉPERON, 4

1883

49

INTRODUCTION

L E ciel, patrie de l'innocence, s'ouvre également au repentir. Le bon Pasteur, rapportant sur ses épaules la brebis perdue, nous dit même qu'il y a plus de joie là-haut pour un seul pécheur converti, que pour quatre-vingt-dix-neuf justes qui n'ont pas besoin de pénitence. Ici-bas, l'allégresse n'est pas moin vive. « Comme la veuve de Naïm se réjouissait de la résurrection de son fils, ainsi, dit saint Augustin, chaque jour, l'Église, cette mère, se réjouit de la résurrection spirituelle de ses enfants (1). »

Et nous tous, qui avons tant besoin de courage et de confiance, comme nous nous sentons émus au récit de ces conversions fameuses, triomphes de la grâce divine! Pierre pleurant son reniement, Thomas réparant son incrédulité par sa foi, Paul de persécuteur devenant apôtre, Madeleine lavant ses fautes

(1) Saint Augustin, sermon **xcviii**.

dans ses larmes, ces illustres pénitents et tant d'autres dont l'histoire est bien connue, nous sont peut-être d'un plus utile exemple que les Saints qui n'ont jamais quitté les voies immaculées (1).

La vie de saint Augustin offre deux phases bien différentes. Dans l'une, c'est l'enfant prodigue, longtemps égaré, enfin ramené par l'excès de sa misère à la maison paternelle. Dans l'autre, c'est le docteur incomparable, le vaillant défenseur de la foi, le pasteur tendrement dévoué à son troupeau, le législateur de la vie parfaite.

Que ne doit pas l'Église à son génie sublime, à ses hautes vertus ! Et cependant ne peut-on pas dire que l'évêque a moins fait pour le salut des âmes par ses écrits et par ses exemples que le pénitent par l'humble confession de ses erreurs ?

C'est l'histoire des trente-trois premières années de cette vie que raconte ce livre. Il prend Augustin au berceau, et l'accompagne jusqu'au baptême qui marque l'instant de la merveilleuse renaissance de cette âme, si longtemps morte à la grâce et à Dieu.

(1) *Plus enim nobis Thomæ infidelitas profuit ad fidem quam fides credentium discipulorum profuit.* (Saint Grégoire-le-Grand, Homélie 26 sur l'Évangile.)

Voulons-nous savoir comment Augustin s'est perdu et comment il a été sauvé, suivons-le à travers les émouvantes péripéties du drame intime qui remplit sa jeunesse.

L'homme ne se perd, ni surtout ne se sauve tout seul. Sur sa route il trouve des agents de perdition et des agents de salut.

Augustin fut entraîné au mal par le triste concours de circonstances trop souvent réunies : l'exemple d'un père incroyant, les leçons de maîtres indifférents à tout ce qui n'est pas de la terre, l'oisiveté, mère du vice, la contagion des amitiés suspectes, des lectures mauvaises et des divertissements dangereux.

La pureté fait d'abord naufrage ; puis la foi s'alanguit et meurt. L'erreur, qui dès lors aimait à s'appeler la science, s'empare de cette âme inquiète et curieuse. Mais bientôt le désenchantement succède au premier enthousiasme, et le jeune Manichéen tombe dans l'abîme du doute, sans pouvoir même s'y endormir (1). Pour lui tout se tourne en dégoût ; plaisirs, succès, louanges, laissent absolument vide ce cœur que Dieu seul peut remplir.

(1) *Dubitans de omnibus atque inter omnia fluctuans.* (Confess. Lib. iv, c. 15.)

Ainsi les passions coupables sont punies par des ténèbres vengeresses (1). Le cœur, plus malade encore que l'esprit, trouve la servitude où il cherche la licence et la douleur où il espère la joie (2).

« Telle était la servitude du grand Augustin, dit Bossuet, quand il jouissait dans le siècle *de la liberté des rebelles* (3). »

En est-ce donc fait ? Cette volonté malade n'aura-t-elle pas la force de se retourner vers le bien ? D'elle-même, non certes. Il faudra, pour qu'elle se ranime et s'oriente, l'intervention de la grâce. Et quels rudes combats achèteront la victoire !

A cette œuvre de salut Dieu ne veut pas travailler seul. Il daigne associer à son action, pour la rendre plus sensible et plus suave, les agents de sa miséricorde, chargés de réparer tout ce que les agents de la perversion ont fait de mal. Voyez comme ils sont bien choisis ! Au père incroyant Dieu oppose une mère admirablement sainte ; aux maîtres indifférents, Ambroise, le docteur éloquent, guide sûr et charita-

---

(1) *Spargens Deus pœnales cœcitates super illicitas cupiditates.* (Confess. Lib. i, c. 18.)

(2) *Amans fugitivam libertatem... Ast ego infelix, libidinis servus!* (Lib. iii, 1 ; Lib. vi, 15.)

(3) Sermon pour une vêture.

ble ; aux compagnons de plaisirs, des amis qui n'aspirent eux-mêmes qu'à la vie éternelle ; aux mauvais exemples, aux livres impies, aux spectacles dangereux, l'exemple des anachorètes qui font fleurir les déserts et la lecture des épîtres de saint Paul que lui recommande une voix céleste : *Tolle et lege.*

La conversion, longuement préparée, est durable et complète. Le pénitent, du jour où il est à Dieu, s'attache si fortement à lui qu'il oublie tout le reste.

Moins' d'un an après son baptême, Augustin se trouvait assis auprès de son heureuse mère qui, son œuvre terminée, n'aspirait plus qu'au ciel.

C'était au port d'Ostie d'où ils se disposaient tous deux à repartir pour l'Afrique. Appuyés sur une fenêtre qui donnait sur un jardin et sur la mer, ils s'entretenaient ensemble avec une extrême douceur, et la conclusion de leurs pieux discours fut celle-ci : « Non, la plus grande joie des sens dans le plus vif éclat de toutes les beautés terrestres, loin de soutenir le parallèle avec le bonheur du ciel, ne mérite pas même qu'on en rappelle le souvenir.

« Et vous savez, Seigneur, ajoute Augustin, que ce jour-là le monde avec tous ses plaisirs nous devint souverainement méprisable (1) ».

Tels sont les sentiments qui, Dieu aidant, naîtront dans les âmes généreuses à la lecture de ces pages. Elles s'adressent à tous, mais particulièrement aux jeunes gens. Si quelqu'un s'est égaré, il y verra par quelle route et au prix de quel effort on revient dans la bonne voie. Ceux qui ont le privilège incomparable de ne connaître le mal que par ouï-dire apprendront à remercier Dieu, à se défier d'eux-mêmes et à persévérer jusqu'à la fin.

Nous autorisant d'un exemple déjà ancien (2), nous avons pris, dans le Livre des Confessions, toute la partie historique, ayant soin de traduire le texte avec toute la précision et toute la fidélité possible. Une courte introduction précède chaque chapitre et en rend la lecture plus facile et plus profitable.

Et maintenant que le lecteur écoute, comme dites à lui-même, les paroles que saint Augustin adressait à un ami, en lui offrant le Livre de ses Confessions.

(1) Confess. Lib. IX, c. 10.
(2) En 1650, un ouvrage analogue fut publié par *Balthazar Moretus* à Anvers. Il est reproduit dans les *Acta Sanctorum* des Bollandistes (t. XL, Augusti VI, p. 387 seqq.), sous ce titre : *Acta priora sive prima vitæ pars, ab infantia usque ad 33 œtatis annum, auctore ipso S. Augustino, — excerpta ex 9 prioribus libris confessionum ejus.*

« Recevez, mon cher fils, ce livre de mes confessions que vous m'avez demandé... C'est la charité chrétienne qui l'offre à un chrétien. Apprenez à me connaître, non sur le témoignage d'autrui, mais sur le mien propre. Examinez, voyez ce que, de mon aveu, j'ai été par moi-même ; et si quelque chose vous plaît en moi, louez-en avec moi celui dont j'ai voulu procurer la louange. Car, c'est lui qui nous a faits, nous ne nous sommes pas faits nous-mêmes. Nous n'avions pu que nous perdre ! Celui qui nous avait faits une première fois, nous a refaits ! (1) »

(1) *Lettre de saint Augustin au comte Darius.* — Il dit ailleurs : « Les treize livres de mes Confessions louent Dieu juste et bon et de mes biens et de mes maux ; ils s'efforcent de tourner à lui l'esprit et le cœur des hommes. C'est l'influence qu'ils eurent sur moi quand je les écrivis, et qu'ils ont encore lorsque je les lis. Aux autres de voir ce qu'ils en pensent ; mais je sais que cet ouvrage a plu et plaît encore à beaucoup de nos frères. » (*Livre des rétractations*, L. II, ch. VI.)

LA JEUNESSE

DE

SAINT AUGUSTIN

D'APRÈS SES CONFESSIONS

CHAPITRE PREMIER

L'ENFANT.

*DANS la petite ville de Thagaste, en Numi-
die, aujourd'hui Souk-Arras, à quelques
milles d'Hippone, vivait, au milieu du
IVe siècle, une famille de condition très
modeste, dont le chef, nommé Patrice, était curiale
ou membre de la Curia decurionum, sorte de conseil
municipal dont faisait alors partie quiconque possédait plus de vingt-cinq arpents de terre* (1).

(1) Saint Augustin fait l'aveu de son humble origine et de la
médiocre fortune de ses parents, dans un de ses sermons.
(Serm. 35, n. 13.)

Patrice était païen, homme d'un caractère généreux, mais fier et violent (1); sa femme, pieuse et douce, est devenue, sous le nom de sainte Monique, le modèle accompli des épouses et des mères. Entre ce père incroyant et cette mère chrétienne, trois enfants grandirent, dont l'aîné, venu au monde le 13 novembre 354, fut nommé AUGUSTIN. *Navigius, le second fils, resta toujours fidèle à la foi maternelle, ainsi qu'une jeune sœur qui se consacra plus tard à Jésus-Christ.*

Monique, patiemment dévouée à son mari, mettait tout son art à le gagner à Dieu par l'exemple plus que par les paroles, et trouvait sa consolation dans les soins prodigués à ses enfants. « Non contente, dit saint François de Sales (2), étant enceinte d'Augustin, de l'avoir dédié par plusieurs offres à la religion chrétienne et au service de la gloire de Dieu », elle s'efforçait de graver en son âme les grandes leçons de la foi, salutaires impressions qui revivront un jour.

Par malheur, l'enfant échappa bientôt aux enseignements maternels, et tout ce qu'il avait de bon, de pur, de généreux, céda peu à peu aux instincts mauvais que porte en lui tout fils d'Adam.

C'étaient la désobéissance, le mensonge, la gourmandise, l'amour désordonné du jeu, l'horreur de l'étude sérieuse, l'ambition de l'emporter sur de

---

(1) *Confessions*, l. IX, c. 9.
(2) *Introduction à la vie dévote*, p. III, c. 38.

jeunes rivaux, une insatiable curiosité de tout voir et
de tout entendre, — défauts légers sans doute,
dissimulés sous un air d'innocence et d'aimable vivacité, mais qui n'en étaient pas
moins autant de manifestations alar-
mantes de la triple concupiscence, mal héréditaire que
nous apportons en nais-
sant et dont nous
souffrons jus-
qu'à la
mort.

I.

CE que d'abord je veux vous dire, Seigneur mon Dieu, c'est que je ne sais d'où je suis venu ici, dans cette vie mortelle que peut-être j'appellerais mieux une mort vivante. J'y fus accueilli par les douceurs de votre miséricorde, ainsi que me l'ont raconté ceux dont vous m'avez fait naître. Pourrais-je en avoir le moindre souvenir ?

Je goûtai les délices du lait maternel, et c'était vous, Seigneur, non ma mère ou ma nourrice, qui me prépariez cet aliment ménagé aux enfants par votre Providence, dont les trésors se cachent au sein de la nature. Car il n'est aucun bien qui ne vienne de vous, ô mon Dieu ; de vous je tiens la vie et tout ce qui me la conserve. C'est ce que j'ai reconnu depuis, votre voix me le criant par tous les bienfaits dont vous me comblez au dedans et au dehors. Mais, en ce temps-là, je ne savais que sucer le lait, acquiescer à la jouissance ou pleurer au contact de la douleur.

Bientôt je commençai à sourire, d'abord en dormant, puis éveillé. C'est ce qu'on m'a dit, et je l'ai cru, voyant les autres enfants faire de même ; mais, ici encore, je ne me rappelle rien. Peu à peu, j'eus le sentiment des lieux où j'étais ; j'essayai de manifester mes désirs à ceux qui les pouvaient satisfaire ; mais je n'en venais pas à bout, parce que ma volonté était au dedans, eux au dehors, et que par aucun de leurs sens ils ne pouvaient pénétrer dans mon âme. Je m'agitais, je poussais des cris, pour exprimer par des signes ce que je souhaitais ; ces signes, tels quels, n'étaient guère compréhensibles. Et lorsqu'on ne m'obéissait pas, faute de m'entendre ou de peur que ce que je demandais ne me fît mal, je m'irritais de ne pas trouver des esclaves dans les personnes raisonnables et libres qui m'approchaient, et je me vengeais d'elles par des larmes.

II.

Mais enfin voici que mon enfance est morte, et moi je vis. Vous, Seigneur, vous vivez toujours, en vous rien ne meurt ; avant l'origine des siècles, avant tout ce que ce mot *avant* peut signifier, vous êtes, et vous êtes Dieu, Seigneur de tout ce que vous avez créé ! En vous subsistent les causes de tous les êtres périssables, les principes immuables de toutes les choses soumises au changement, les raisons éternelles de tout ce qui est privé de raison et sujet à la mort. Je vous glorifie, Seigneur du ciel et de la terre, je vous rends grâces pour les commencements de ma vie et pour cette enfance dont je ne garde aucun souvenir.

Car j'étais et je vivais dès lors, et, vers la fin de ce premier âge, je cherchais des signes pour exprimer ce que je sentais.

Et quel autre que vous, mon Dieu, pourrait être l'auteur de cet être animé et vivant? Quelqu'un serait-il le créateur de soi-même? Est-il une source d'où découlent en nous l'être et la vie, en dehors de vous qui nous avez faits, pour qui être et vivre sont une même chose? car vous êtes tout ensemble le souverain Être et la Vie souveraine; vous êtes, et vous ne changez pas! En vous l'aujourd'hui n'a pas de fin, bien que la succession des jours soit en vous, comme tout le reste, puisque vous êtes la raison de leur changement.

Mais, comme vos années ne défaillent point, elles ne sont qu'un éternel aujourd'hui. Et cependant combien de jours, pour nous et pour nos pères, ont été se perdre dans cet aujourd'hui immuable dont vous jouissez et qui donne au temps le peu qu'il a de durée et d'existence! D'autres jours viendront qui lui devront leur être éphémère, tandis que vous, Seigneur, vous êtes à jamais le même; ce que vous avez fait hier, ce que vous ferez demain et au delà, vous le faites dans un aujourd'hui sans aurore et sans déclin.

S'il en est qui ne me comprennent pas, qu'y puis-je faire? En disant: *Que signifie cela?* que ceux-là mêmes se réjouissent. Oui, qu'ils se réjouissent et qu'ils préfèrent, ne vous trouvant pas par l'intelligence, vous trouver par l'amour, à ne vous pas trouver par le cœur en vous cherchant par l'esprit (1).

____

(1) *Confessions,* L. 1, c. 6.

III.

Écoutez-moi, mon Dieu... Malheur aux péchés des hommes ! L'homme parle ainsi, et vous lui pardonnez, parce que vous l'avez fait, et non le péché qui est en lui.

Qui me rappellera le péché de mon enfance ? D'autant que *nul n'est pur de péché devant vous, pas même l'enfant d'un jour* (1). Qui me le rappellera ? Ne sera-ce point ce petit être, tout faible qu'il est, puisqu'en lui je vois mon passé dont je n'ai pas souvenance ?

Quel fut alors mon péché ? Etait-ce de désirer le lait maternel avec trop d'empressement et de larmes ? Si je me jetais aujourd'hui avec la même ardeur sur l'aliment qui convient à mon âge, je m'attirerais à bon droit la risée et la réprimande. Je faisais donc alors chose blâmable ; mais comme j'étais incapable de comprendre un reproche, la raison, non plus que l'usage, ne permettait qu'on m'en adressât. Vices réels pourtant, puisque nous les extirpons et les rejetons quand ils grandissent ; jamais homme sage, pour émonder ce qui est mauvais, n'arrache ce qui est bon. Or était-il bon, même en cet âge tendre, de

(1) Job, xxv, 4.

réclamer avec larmes ce qui ne se peut donner sans péril ; d'entrer en fureur contre ceux sur qui l'on n'a aucun droit, contre des personnes raisonnables et libres, un père, une mère, n'obéissant pas au premier signe ; de les frapper, en tâchant de leur faire tout le mal possible, pour punir leur résistance à de dangereux caprices ? Ainsi, l'innocence de l'enfant est plutôt dans sa faiblesse que dans son cœur. J'ai découvert moi-même et observé la jalousie dans un tout petit enfant ; il ne parlait pas encore, et il regardait, le visage pâle et l'œil méchant, son frère de lait. Je sais que mères et nourrices prétendent conjurer ce mal par certains enchantements. Mais est-ce innocence de ne pas souffrir qu'un frère indigent, dont ce seul aliment soutient la vie, s'approche de la source de lait abondamment épanchée ? On n'a que de l'indulgence pour ces défauts, non qu'ils soient nuls ou légers, mais parce qu'ils disparaîtront avec l'âge. Vous les tolérez aujourd'hui ; si vous les retrouvez quelques années après, ils vous révoltent.

Seigneur mon Dieu, qui donnez la vie à l'enfant, qui lui octroyez les instruments des sens, la structure des membres, la beauté de la face, et combinez en lui tous les ressorts de la vie en vue de conserver l'harmonie de l'ensemble ; vous m'ordonnez de vous louer en cette œuvre de vos mains, de vous glorifier, de chanter votre nom, ô Très-Haut ! car vous êtes le Dieu tout-puissant et bon, et vous seriez tel, n'eussiez-vous fait que ce seul ouvragé, que nul autre ne saurait faire, ô Unité, d'où procède l'universalité des choses, Beauté suprême, forme de tous les êtres, Loi éternelle de tout ordre et de toute perfection !

Cet âge, Seigneur, que je ne me souviens pas d'avoir vécu, que je ne connais que sur la foi d'autrui, au sujet duquel je ne forme que des conjectures, bien fondées d'ailleurs sur l'étude des autres enfants, cet âge, j'ai honte de le compter comme une portion de ma vie en ce monde. Il est pour moi aussi inconnu, aussi ténébreux que celui que j'ai passé dans le sein maternel. Que si j'ai été conçu dans l'iniquité et si ma mère m'a nourri dans le péché, où donc, mon Dieu, et dans quel temps votre serviteur a-t-il été innocent ?

Mais c'est assez parler de ces premières années ; que sont-elles pour moi, qui n'en retrouve aucun vestige en ma mémoire (1) ?

(1) L. 1, c. 7.

CHAPITRE DEUXIÈME

E père d'Augustin, ignorant le vrai Dieu et la vie éternelle, rêvait pour son fils un avenir brillant. Il l'aimait, et le voulant heureux, il lui souhaitait les honneurs, les biens, la fortune. Son unique préoccupation fut de faire de lui un lettré, un savant; qu'il fût chaste, honnête, craignant Dieu, peu lui importait.

Il y avait alors une école assez florissante à Madaure, petite ville située à six lieues de Thagaste, et qu'on nomme aujourd'hui Madaourouche. Les maîtres auxquels fut confié l'enfant étaient, eux aussi, très indifférents à la vertu, capables d'instruire, mais non d'élever, c'est-à-dire qu'ils donnaient un enseignement tout profane, sans le contre-poids des leçons de l'Évangile.

Cependant Dieu n'abandonna pas Augustin. Des hommes de prière lui apprirent à converser avec le

ciel. Sa pieuse mère, après l'avoir fait mettre,
dès l'enfance, au rang des catéchumènes,
retardait son baptême, suivant l'usage,
ou plutôt l'abus de ce temps-là.
Mais sa sollicitude l'accompagnait loin de la maison paternelle, et grandissait
avec les périls qui
le menaçaient.

I.

O Dieu, mon Dieu, quelles misères, quelles déceptions j'ai subies à cet âge, où bien vivre, me disait-on, consiste pour l'enfant à s'instruire docilement des moyens de faire fortune dans le monde et d'exceller dans l'art des beaux parleurs, qui conduit aux honneurs et aux fausses richesses ! On me livra à l'école pour y apprendre les lettres ; j'avais le malheur d'en ignorer l'utilité, et cependant, si j'étais paresseux, j'étais battu. Ce châtiment avait l'approbation de ceux qui, m'ayant précédé dans la vie, m'avaient préparé ce chemin d'angoisses, par lequel il nous faut passer, surcroît de travail et de douleur pour les fils d'Adam !

Mais je rencontrai, Seigneur, des hommes qui vous priaient, et j'appris d'eux à sentir, dans la mesure de ma faiblesse, que vous êtes Quelqu'un de grand qui pouvez, même sans apparaître à nos sens, nous entendre et nous secourir. Enfant, je commençai donc à vous implorer comme mon secours et mon refuge, et c'est en vous invoquant que je déliai ma langue ; je vous demandais, tout petit, avec une grande ardeur, de n'être pas battu à l'école. Et quand pour mon bien vous ne m'exauciez pas, mes maîtres, mes parents eux-mêmes, si éloignés de me vouloir aucun mal, se riaient de mes férules, mon grand, mon redoutable mal d'alors !

II.

JE ne manquais, Seigneur, ni de mémoire, ni d'esprit; votre bonté m'en avait assez départi pour cet âge ; mais je me plaisais à jouer, faute dont me châtiaient ceux qui s'en rendaient bien autrement coupables. Les bagatelles chez les hommes faits sont des affaires; chez les enfants, ce sont des jeux qu'on punit; et nul n'a pitié de tous ces enfants, grands et petits !

Un arbitre équitable pourrait-il cependant approuver qu'un enfant fût châtié pour se laisser détourner par le jeu de paume d'une étude qui sera pour lui plus tard un jeu moins innocent ? Et que faisait donc celui qui me battait? Vaincu par un collègue dans une misérable dispute, il en éprouvait plus de rage et de jalousie que moi-même quand je perdais une partie de paume (1).

Et néanmoins, Seigneur mon Dieu, créateur et ordonnateur de tout ce qui est dans la nature, hormis le péché que vous faites seulement servir à

(1) L. 1, c. 9.

vos desseins, je péchais, en désobéissant à mes parents et à mes maîtres ; car j'aurais pu par la suite faire un bon usage de ces leçons, quelle que fût l'intention de ceux qui me les imposaient.

Ce n'était pas un choix meilleur qui me rendait indocile, mais l'amour du jeu ; j'aimais les luttes et l'orgueil de la victoire (1), les récits fabuleux qui, chatouillant vivement mon oreille, excitaient en moi les démangeaisons de la curiosité ; celle-ci, débordant par les yeux, me poussait aux spectacles et aux jeux où se plaisent les hommes faits. Et que désirent, pour leurs enfants, les magistrats qui président à ces jeux, sinon la survivance de leur charge et de ce vain privilège ? Cependant ils veulent qu'on punisse leurs fils si le jeu les détourne des études, qui, de leur aveu, peuvent les conduire à ce frivole honneur.

Voyez tout cela, Seigneur, avec miséricorde ; sauvez-nous, nous qui vous invoquons ; sauvez aussi ceux qui ne vous invoquent pas encore, afin qu'ils vous invoquent et soient sauvés (2) !

(1) Saint Augustin raconte ailleurs que, dans son enfance, il était passionné pour la chasse aux oiseaux et s'y livrait au prix de courses longues et pénibles, dont, un peu plus tard, les études sédentaires le rendirent incapable. (*De quantitate animæ*, c. XXI, 36.)

(2) L. I, c. 10.

III.

Tout enfant, j'avais ouï parler de la vie éternelle dont nous avons la promesse et le gage dans l'humilité du Seigneur notre Dieu, descendu vers notre orgueil. Dès ma naissance, ma mère, qui a tant espéré en vous, me fit marquer, comme catéchumène, du signe de la croix et consacrer par le sel mystérieux (1).

Vous savez, Seigneur, que, bien jeune encore, je fus surpris un jour d'une violente oppression d'estomac; j'allais mourir suffoqué. Vous savez, mon Dieu, — car dès ce temps vous étiez mon gardien, — avec quelle ferveur, avec quelle foi, je demandai le baptême de Jésus-Christ, mon Dieu et Seigneur, à la piété de ma mère et de notre mère commune, votre Église.

Et ma mère selon la chair, enflammée du désir de m'enfanter dans son chaste cœur à la foi et au salut éternel, émue, troublée, préparait à la hâte mon initiation au sacrement salutaire où j'allais être pu-

---

(1) Dans les premiers siècles de l'Église, celui qui se préparait à devenir chrétien par le baptême, était d'abord fait *catéchumène,* c'est-à-dire disciple de la foi (καθήχησις, instruction, d'où catéchisme). Les cérémonies de la réception du catéchumène sont encore observées dans l'administration du baptême, même pour les enfants.

rifié du péché en vous invoquant, Seigneur Jésus !
Mais soudain, je me trouvai soulagé. Le baptême fut
donc différé ; j'étais, ce semble, condamné à ne re-
couvrer la vie que pour me souiller encore ! On craignait de moi une rechute dans la fange du péché, plus
grave et plus dangereuse après le bain céleste.

Ainsi, j'avais dès lors la foi, comme ma mère,
comme toute notre maison, sauf mon père, qui
pourtant ne put jamais détruire en moi les droits de
la piété maternelle, ni m'empêcher de croire en
Jésus-Christ auquel il ne croyait pas encore. Ma
mère n'omettait rien pour que vous me fussiez père,
ô mon Dieu, plutôt que lui ; et vous l'aidiez à vaincre
son mari à qui, toute meilleure qu'elle fût, elle se
soumettait néanmoins, parce qu'en cela même elle
obéissait à vos ordres.

Je vous en prie, Seigneur, faites-moi savoir, s'il
vous plaît, pour quel motif on différa mon baptême.
Est-ce, oui ou non, pour mon bien qu'on lâcha les
rênes à mes instincts pervers ? D'où vient que maintenant encore ce mot sans cesse nous frappe l'oreille :
*Laissez-le faire à sa guise ; il n'est pas encore bap-
tisé ?* Et pourtant, s'il s'agit de la santé du corps, nous
ne disons pas : *Laissez-le se blesser davantage, car il
n'est pas encore guéri.* Oh ! qu'il eût mieux valu que
je fusse guéri plus tôt, et que, grâce au soin des miens
et à ma propre diligence, mon âme, sauvée par vous,
eût été sans délai placée sous votre tutelle ! Mieux
eût valu sans doute ; mais les flots de la tentation
menaçaient ma jeunesse, et ma mère, qui en pré-

voyait le danger, aimait mieux leur livrer le limon informe que l'image divine que vous deviez en tirer plus tard (1).

IV.

Dans ces premières années qu'on redoutait moins pour moi que l'adolescence, je n'aimais pas l'étude des lettres, j'avais en horreur la contrainte qu'elle imposait. On m'y contraignait cependant pour mon bien, et je faisais mal de résister; car je n'eusse rien appris sans contrainte. Or, ce n'est pas bien faire que de faire le bien à contre-cœur. Et ceux qui me forçaient d'étudier, ne faisaient pas bien non plus, mais vous en tiriez mon bien, ô mon Dieu! Eux, en effet, ne me pressaient d'apprendre qu'en vue d'assouvir l'insatiable soif de cette richesse qui n'est qu'indigence, de cette gloire qui n'est qu'i-gnominie. Mais vous, *qui savez le nombre des cheveux de notre tête* (2), vous tourniez leur erreur à mon profit et ma paresse à la peine que je méritais, si petit enfant et si grand pécheur ! Ainsi leur intention n'était pas bonne, et vous en tiriez mon bien ; ma conduite était mauvaise, et j'en étais justement

(1) L. I, c. 11.
(2) Matth. x, 3o.

puni. Car, vous l'avez ordonné, et il en est ainsi : Tout esprit déréglé est a lui-même son propre chatiment (1).

V.

D'où venait mon aversion pour la langue grecque dont, tout petit enfant, j'apprenais les rudiments, c'est ce que je ne saurais dire. J'étais passionné pour la langue latine, telle que l'enseignent, non les premiers maîtres, mais ceux qu'on nomme les grammairiens (2). Car ces études élémentaires qui consistent à lire, à écrire, à compter, ne m'étaient pas moins odieuses et pénibles que l'étude du grec.

Et d'où vient cela, sinon du péché et de la vanité de la vie ? J'étais chair, j'étais l'esprit qui s'égare et ne revient pas. Certes, ces connaissances élémentaires auxquelles je dois de lire tout ce que je rencontre, d'écrire tout ce qui me plaît, étaient plus certaines et meilleures que la fable d'un Enée dont j'étais contraint d'apprendre les courses errantes, oublieux de mes

(1) L. 1, c. 12.
(2) Par grammairiens, on entendait les professeurs de belles-lettres. Malgré le peu de goût d'Augustin pour le grec, il ne laissa pas que d'y faire des progrès notables. L'usage fréquent qu'il fait de cette langue dans ses ouvrages, soit en citant les auteurs, soit en interprétant les mots, prouve qu'il la possédait fort bien.

propres erreurs. Je pleurais la mort de Didon qui se
tue par amour, tandis que je n'avais pas une larme à
donner au malheur de mon âme mourant de ces
folies loin de vous, ô mon Dieu, ô ma vie !

Enfant, je péchais donc, quand je préférais ainsi les
choses vaines aux choses utiles, ou plutôt haïssant
celles-ci, aimant celles-là. *Un et un font deux, deux
et deux font quatre*, m'était une odieuse chanson ;
rien de plus doux, au contraire, que le vain spectacle
du cheval de bois plein de soldats, que l'incendie de
Troie, et l'ombre même de Créuse (1).

VI.

E XAUCEZ ma prière, Seigneur; que mon âme ne défaille pas sous votre verge paternelle, ni dans la
louange de votre miséricorde qui m'a retiré de mes
voies perverses. Soyez-moi plus doux que les séductions qui m'égaraient. Que je vous aime d'un amour
fort, que de tout mon cœur j'embrasse votre main,
pour que vous m'arrachiez jusqu'à la fin à toute tentation. N'êtes-vous pas, Seigneur, mon roi et mon
Dieu ? Que tout ce que mon enfance apprit d'utile
soit à votre service ; à votre service tout ce que je dis,

(1) L. 1, c. 13.

tout ce que j'écris, lis ou calcule. Quant à mes lectures frivoles, vous m'en avez puni, et vous m'avez remis le péché de ces vaines jouissances. J'en ai retenu, il est vrai, plusieurs mots utiles, mais cet avantage pouvait être obtenu par des voies plus sûres, où l'enfant aurait marché sans danger (1).

Quelle merveille que je me laissasse emporter à ces vanités et que loin de vous, mon Dieu, je me répandisse au dehors, quand on me proposait pour modèles des hommes qui rougissaient de honte si un solécisme ou un barbarisme leur échappait en racontant une bonne action, tandis qu'ils se glorifiaient des applaudissements prodigués au récit de leurs désordres, pour peu qu'il fût écrit en périodes cadencées, nombreuses et élégantes !

Vous voyez cela, Seigneur, et vous vous taisez, *étant patient, miséricordieux et vrai* (2). Vous tairez-vous toujours ? Et à cette heure même vous retirez de l'affreux abîme l'âme qui vous cherche, qui a soif de vos délices et qui vous dit : *J'ai cherché votre face ; c'est votre face, Seigneur, que je chercherai toujours* (3). On est loin de vous dans les ténèbres des passions ! car ce n'est pas en marchant, en allant d'un lieu à l'autre, qu'on s'éloigne de vous et qu'on revient à vous. Votre plus jeune enfant, ce

(1) *Confess.* L. i, c. 15. L'étude des auteurs profanes, indispensable sans doute à la formation intellectuelle, n'est sans danger qu'à la condition d'être subordonnée à l'étude de la religion et aux pratiques de la piété chrétienne.
(2) Ps. cii, 8.
(3) Ps. xxvi, 8.

prodigue (1), a-t-il pris des chevaux, un char, un navire, s'est-il envolé sur une aile visible, a-t-il ployé
le genou pour courir, lorsqu'il allait en une région
lointaine dissiper ce que vous lui aviez donné au
départ ? Père si doux, quand vous donniez, plus
doux encore au retour du fils indigent ! Non, c'est la
passion mauvaise qui nous jette dans les ténèbres,
loin de votre face.

Voyez, Seigneur mon Dieu, voyez avec votre ordinaire patience comme les enfants des hommes
sont fidèles aux conventions passées par leurs devan-
ciers, touchant les lettres et les syllabes, et comme ils
négligent le pacte du salut éternel fait avec vous ! Si
quelqu'un, connaissant ou enseignant le code gram-
matical, omet, contre la règle, d'accentuer la première syllabe en disant : *homo*, il est plus déplaisant
aux hommes que s'il haïssait un homme, homme
lui-même. Et pourtant la haine que nous nourrissons
envers un ennemi nous est plus funeste que l'ennemi
lui-même, et les coups qu'elle lui porte blessent plus
grièvement notre propre cœur.

Certes, ce précepte : *Ne fais pas à autrui ce que tu
ne veux pas qu'on te fasse*, est bien plus intimement
gravé en nous que les lois du langage. Que vous êtes
caché, Dieu seul grand, qui habitez en silence les
hauteurs des cieux et, selon une loi toujours agis-
sante, répandez sur les passions coupables la nuit

---

(1) Allusion à la parabole des deux fils du père de famille
dont le plus jeune, *adolescentior*, fuit la maison paternelle et
dissipe en prodigue sa part d'héritage. (Saint Luc, ch. xv.)

vengeresse de l'aveuglement ! Voici un homme qui aspire à la renommée d'orateur : debout devant un homme qui juge, environné d'une foule d'hommes qui écoutent, à l'heure même où il s'acharne avec une animosité furieuse contre son ennemi, il n'a d'autre souci que d'éviter, par exemple, ce solécisme : *inter hominibus...* Que, dans sa colère, il retranche un homme du nombre des hommes, il n'y songe pas (1) !

VII.

MALHEUREUX enfant, au seuil de la vie, c'est à de telles mœurs que je me façonnais ; je m'exerçais à cette palestre, plus soucieux d'éviter un barbarisme que la jalousie contre qui n'en commettait pas ! Je vous les dis, mon Dieu, je vous les confesse ces fai-blesses qui me valaient les éloges de ceux dont l'approbation était ma seule règle de vie honorable. Je ne voyais pas l'abîme de honte où je me plongeais loin de votre regard. Car y avait-il rien de plus impur que moi, puisqu'à ceux-là même je déplaisais, trom-pant par d'innombrables mensonges pédagogue, maîtres, parents, pour le plaisir de jouer, pour le bonheur de regarder des niaiseries, pour le besoin inquiet de les reproduire ?

(1) L. 1, c. 18.

Je commettais aussi des larcins au cellier, à la table de mes parents, soit par gourmandise, soit pour donner aux enfants qui me vendaient le plaisir que nous avions à jouer ensemble. Et même, dans le jeu, vaincu par un vain désir de l'emporter, je m'attribuais souvent de déloyales victoires. Si je surprenais la fraude d'autrui, avec quelle vivacité je reprochais aux autres ce que je faisais moi-même ! Pris sur le fait, plutôt que de céder, j'entrais en fureur.

Est-ce donc là l'innocence du premier âge ? Il n'y en a pas, Seigneur, il n'y en a pas ! Grâce, mon Dieu !... Ce que sont aux enfants précepteurs, maîtres, noix, balles, oiseaux, sont aux hommes magistrats, rois, trésors, domaines, esclaves ; tout cela se succède avec le cours des années, comme à la férule succèdent les supplices.

Ce que vous avez loué dans les enfants, ô mon Roi, en disant : *Le royaume des cieux est à qui leur ressemble* (1), ce n'est donc pas leur petitesse, mais l'humilité dont elle est l'image (2).

VIII.

Et cependant, Seigneur, à vous, créateur et conservateur infiniment bon de tout l'univers, à vous, mon Dieu, grâces soient rendues, ne m'eussiez-vous

(1) Matth. XIX, 14.
(2) L. 1, c. 19.

donné que d'être enfant. Car alors même j'étais, je vivais, je sentais ; j'avais souci de ma conservation, impression secrète de la divine Unité d'où vient mon être ; je gardais d'instinct l'intégrité de mes sens, et tout faibles qu'ils étaient, tout borné que fût l'horizon de ma pensée, j'aimais la vérité.

Je ne voulais pas être trompé ; ma mémoire était vivace ; ma parole se formait ; j'étais sensible à l'amitié ; je fuyais la douleur, la honte, l'ignorance. Dans un être semblable qu'est-il qui ne soit digne de louange et d'admiration !

Mais ce sont là les bienfaits de mon Dieu ; de tout cela je ne me suis rien donné ; tout cela est bon et tout cela est moi-même. Il est donc bon Celui qui m'a fait, et lui-même est mon bien, et c'est en lui que je me réjouis de tous les biens dont se composait déjà mon enfance. Ma faute était de ne pas chercher en lui, mais dans ses créatures — les autres et moi — plaisirs, grandeurs, vérités ; et je me précipitais ainsi dans les peines, les confusions, les erreurs.

Grâces vous soient rendues à vous, mes délices, ma gloire, mon espérance, mon Dieu ; grâces à vous, pour vos dons ; mais gardez-les-moi ! Car c'est ainsi que vous me garderez moi-même ; et ils croîtront, ils se multiplieront, vos bienfaits ; et je serai avec vous, puisque c'est par vous que je suis (1) !

(1) Livre I, c. 20.

CHAPITRE TROISIÈME

AUGUSTIN A SEIZE ANS.

’EST à cet âge qu’Augustin quitta l’école de Madaure et regagna la maison paternelle. En attendant les ressources suffisantes pour aller poursuivre ses études à Carthage, il dut passer une année entière dans une dangereuse oisiveté. Ces vacances forcées furent fatales à sa vertu plus que ne l’avaient été les écoles publiques.

Monique, avec la clairvoyance de l’amour maternel, pressentait son malheur, mais elle n’en connaissait pas l’étendue. Le jeune homme, orgueilleux et coupable, ne lui permettait plus de lire dans ses yeux ni d’entrer dans son âme obstinément fermée. Il ne put cependant lui tout cacher, et Monique, devinant ce que son Augustin rougissait de lui dire, lui adressait avec larmes de touchants conseils. Mais l’enfant, revendiquant sa liberté d’homme, traitait tout bas les avis de sa mère de conseils de femme : monitus muliebres; échappant à la douce influence de cet Ange gardien, il se hâtait dans la voie du vice, pente rapide qui entraîne quiconque s’y hasarde et ne fait pas effort aussitôt pour la remonter.

*Il ne s'abandonna pas néanmoins au mal sans quelque
résistance. Inquiet, hésitant, il se tournait de temps
en temps vers Dieu pour implorer son secours.
Il lui disait : « Seigneur, donnez-moi la chasteté, la continence... mais pas encore :
Da mihi castitatem et continentiam,
sed noli modo. » Il craignait
d'être trop promptement guéri
de cette maladie de l'âme
qu'il aimait mieux
voir assouvie
qu'éteinte !*

I.

Je veux rappeler mes turpitudes passées et les charnelles corruptions de mon âme, non que je les aime, mais afin de vous aimer, ô mon Dieu ! L'amour que j'ai de votre amour me fait revenir sur mes voies perverses dans l'amertume de mon souvenir, afin de ne plus savourer que vous, Douceur qui ne trompez jamais, Béatitude toujours assurée, qui recueillez en vous toutes les puissances de mon être, comme autant de débris dispersés loin de votre Unité dans la multiplicité des créatures.

Aux jours de mon adolescence, brûlé par la soif des passions grossières, j'osai me répandre en mille affections ténébreuses ; ma beauté se flétrit, je ne fus plus que corruption à mes yeux, tandis que je me complaisais en moi-même et désirais plaire aux yeux des hommes (1).

Toute ma joie était d'aimer et d'être aimé. Hélas ! je ne restais pas au seuil lumineux de l'amitié qui unit chastement l'âme à l'âme. D'impures vapeurs s'exhalaient de la fangeuse concupiscence de la chair et de l'effervescence de l'âge, aveuglant, offusquant mon

______
(1) L. ii, c. i.

cœur, au point de ne lui plus laisser discerner l'affection sereine d'avec la noirceur du vice. L'une et l'autre fermentaient ensemble, entraînant ma faiblesse à travers les précipices et la jetant au gouffre du péché.

Sur moi s'appesantissait votre colère, et je l'ignorais! Assourdi au bruit de la chaîne que traînait ma chair en punition de l'orgueil de mon esprit, je m'éloignais de vous, et vous laissiez faire. Je m'élançais, je me répandais, je débordais, comme une eau écumante, sur vos créatures profanées, et vous vous taisiez. O ma tardive joie, vous vous taisiez alors, et j'allais, j'allais loin de vous, jetant sur ma route la semence des stériles douleurs, superbe dans ma bassesse, inquiet dans ma lassitude.

Jouet de mon ardeur misérable, livré au torrent qui m'emportait loin de vous, je transgressai toutes vos lois, mais je n'échappai à aucun des coups de votre justice. Quel mortel le pourrait? Vous m'étiez toujours présent par vos miséricordieuses rigueurs, assaisonnant des plus amers dégoûts toutes mes joies coupables, pour me faire chercher des joies sans amertume. Et où donc les pouvais-je trouver, sinon en vous, Seigneur, en vous *qui feignez de joindre la peine au précepte, qui frappez pour guérir, et donnez la mort, de peur que nous ne mourions à vous?*

Où étais-je et dans quel exil, loin des délices de votre maison, en cette seizième année de mon âge, alors que je me courbais, volontaire esclave, sous le sceptre de cette passion insensée à qui les hommes, pour leur honte, laissent toute licence, mais que votre loi condamne (1)?

II.

Cette même année, j'avais interrompu mes études, ramené de Madaure, ville voisine où j'avais souffert un premier exil, pour suivre des cours de lettres et de rhétorique. Il fallait réunir l'argent nécessaire à une pérégrination plus lointaine : mon père songeait à Carthage, consultant plus son ambition que ses ressources, car il était un des moindres citoyens du municipe de Thagaste.

Pour qui ce récit? Il n'est pas pour vous, mon Dieu; mais devant vous je l'adresse au genre humain, c'est-à-dire à ce petit nombre de mes frères aux mains desquels tombera cet écrit. Et dans quel dessein? Pour que tout lecteur considère avec moi de quel profond abîme il faut crier vers vous. Et qui donc est plus près de votre oreille, que celui qui se confesse de cœur et vit de la foi?

Personne qui ne louât mon père de ce qu'il allait au delà de ses ressources pour fournir à son fils ce qu'exigeait cette éducation loin de la famille. Combien

(1) L. II, c. 2.

de citoyens plus riches n'avaient pas le même souci
de leurs enfants! Hélas! ce père ne s'inquiétait pas
si je grandissais pour vous, ô Dieu bon, si j'étais
chaste, pourvu que je fusse disert, le champ de mon
cœur, dont vous êtes le seul maître, dût-il être désert
et privé de votre culture.

Or, durant cette seizième année, des nécessités
domestiques m'imposant ces vacances forcées sous
le toit paternel, les ronces des passions s'élevèrent
par-dessus ma tête, sans qu'une main fût là pour les
arracher.

III.

MALHEUREUX! comment oserais-je dire que vous
vous taisiez, ô mon Dieu, tandis que je m'é-
loignais de vous? Est-il vrai que vous ne me
parliez pas? Et de qui donc étaient les paroles
que, par la bouche de ma mère, votre fidèle servante,
vous murmuriez doucement à mon oreille? Rien
n'en descendait dans mon cœur pour l'incliner à l'o-
béissance. Mais elle, avec quelle sollicitude, je m'en
souviens, elle m'avertissait en secret d'éviter toute
faute d'impureté et surtout l'adultère! Ce n'étaient
pour moi que des avis de femme, que j'eusse rougi
d'écouter. Cependant c'étaient les vôtres, et je l'i-
gnorais. Je pensais que vous vous taisiez, qu'elle

seule parlait; et c'est vous qui me parliez par elle; c'est vous qu'en elle je méprisais, moi son fils, moi votre·serviteur, fils de votre servante.

Je ne savais pas, et courais au précipice avec tant d'aveuglement, que, parmi ceux de mon âge, j'avais honte d'avoir moins de sujets de honte, quand je les entendais se vanter de leurs excès, et s'enorgueillir d'autant plus qu'ils étaient plus infâmes. Nous nous plaisions à mal faire, non seulement par passion, mais par vanité. Qu'est-ce qui mérite le blâme, sinon le vice ? Et moi, pour n'être pas blâmé, je me faisais plus vicieux; à défaut de crimes réels, je m'égalais aux plus corrompus, en feignant d'avoir fait ce que je n'avais pas fait, de peur de paraître d'autant plus vil et plus méprisable que je serais plus chaste et plus innocent.

Voilà donc avec quels compagnons je parcourais les places de Babylone, et me roulais dans la fange comme dans le cinname et les parfums précieux ! Et pour m'y enfoncer plus avant, l'invisible ennemi me foulait aux pieds et me séduisait, moi si facile aux séductions !

IV.

Le larcin est condamné par votre loi divine, Seigneur, par cette loi gravée au cœur de l'homme et que n'efface aucune iniquité. Quel voleur permet qu'on le vole? Quel riche pardonne le vol même à l'extrême indigence? Pour moi, j'ai voulu et j'ai commis un larcin, sans y être poussé par la pauvreté ou le besoin, mais par mépris de la justice, par plénitude d'iniquité. J'ai volé ce dont j'avais en abondance et de qualité bien meilleure; car je voulais jouir, non de l'objet volé, mais du vol lui-même et du péché.

Dans le voisinage de nos vignes, il y avait un poirier chargé de fruits dont la vue ou la saveur n'avait rien de bien attrayant. Nous allâmes, troupe d'enfants méchants, secouer l'arbre et le dépouiller, à l'heure avancée de la nuit jusqu'où, selon notre détestable habitude, nous avions prolongé nos courses et nos jeux. Nous rapportâmes de grandes charges de fruits, non pour en faire régal, si toutefois nous y goûtâmes, mais pour les jeter aux pourceaux: en cela rien ne nous plaisait que de faire ce qui était défendu.

Voilà mon cœur, ô mon Dieu, voilà mon cœur que vous avez miséricordieusement regardé au fond de l'abîme. Qu'il vous dise maintenant, ce cœur, ce qu'il prétendait, lorsqu'il voulait être gratuitement mauvais et qu'il aimait le mal pour le mal même. Le mal est hideux, et je l'ai aimé; j'ai aimé ma perte, j'ai aimé ma difformité; non l'objet pour lequel je l'affrontais, mais elle-même. Ame ignominieuse, tombée du firmament de votre grâce dans le gouffre de la ruine, n'aspirant dans la honte à rien autre qu'à la honte (1)!

(1) L. II, c. 3.

V.

Qu'avais-je donc le malheur d'aimer en toi, ô larcin, crime nocturne de mes seize ans ? Tu n'étais pas beau, étant larcin ; es-tu même quelque chose, pour que je te parle ?

Ces fruits volés étaient beaux, parce qu'ils étaient votre œuvre, Beauté infinie, créateur universel, Dieu bon, Dieu souverain bien, mon bien véritable ! Ils étaient beaux, ces fruits ; mais ce n'était pas eux que convoitait mon âme misérable. J'en avais de meilleurs en abondance ; j'ai dérobé ceux-là, uniquement pour dérober. Car, à peine cueillis, je les ai jetés, ne savourant que l'iniquité où je trouvais ma joie. Si j'en portai quelqu'un à ma bouche, il n'eut pour moi que la saveur du péché.

Et maintenant, Seigneur mon Dieu, je cherche ce qui me plaisait dans ce vol, et je n'y vois aucune beauté. Je ne parle pas de cette beauté qui reluit dans l'équité, dans la prudence, dans l'intelligence de l'homme, dans sa mémoire, ses sens, sa vie corporelle ; ni de la beauté de cette splendide armée des astres, de la terre, de la mer remplie d'être vivants dont les générations ininterrompues se succèdent ; ni même de ce fantôme éphémère de beauté, qui voile les vices décevants.

Car l'orgueil contrefait l'élévation, tandis que vous seul, ô mon Dieu, êtes élevé au-dessus de tous les êtres. L'ambition ne cherche que les honneurs et la gloire, tandis que vous seul devez être honoré et glorifié éternellement. La tyrannie veut se faire craindre; et qui est à craindre, sinon vous seul, ô Dieu, dont rien ne saurait tromper et fuir la puissance? Les caresses criminelles veulent surprendre l'amour; mais rien n'est plus doux que votre charité, rien n'est plus aimable que la beauté souveraine et la splendeur de votre vérité. La curiosité se donne pour la passion de la science; et vous seul savez à fond toute chose. Il n'est pas jusqu'à l'ignorance et la sottise qui ne se parent du nom de simplicité et d'innocence; mais vous êtes la simplicité infinie, l'innocence parfaite, car les méchants sont les seuls artisans de leurs maux. La paresse prétend aimer la paix; et le repos assuré n'est qu'en vous, Seigneur. Le luxe se donne pour la satiété et l'abondance; vous êtes le trésor surabondant et inépuisable des incorruptibles délices. La profusion prend le masque de la libéralité; mais vous êtes l'opulent dispensateur de tous les biens. L'avarice veut beaucoup posséder, et vous possédez tout. L'envie dispute la prééminence; quoi de plus éminent que vous? La colère cherche la vengeance; qui se venge plus justement que vous? La crainte frémit des périls inattendus qui menacent ce qu'elle aime; elle veille à sa sécurité; mais pour vous est-il rien de surprenant, rien d'imprévu? Qui sépare de vous ce que vous aimez? Hors de vous où est la constante sécurité? La tristesse se consume dans la perte des choses où se plaît le désir, parce qu'elle voudrait qu'il lui fût, comme à vous, impossible de rien perdre.

Ainsi l'âme devient adultère, quand elle se retire de vous, pour chercher hors de vous ce qu'elle ne trouve, pur et sans mélange, qu'en revenant à vous. Tous ceux-là vous imitent, mais d'une façon criminelle, qui s'éloignent de vous, qui s'élèvent contre vous. Même en vous imitant ainsi, ils vous signalent comme le créateur de l'univers, et montrent qu'on ne peut vous fuir entièrement.

Dans ce larcin qu'ai-je donc aimé? En quoi ai-je imité mon Dieu, d'une imitation vicieuse et perverse? Me suis-je plu à enfreindre la loi par la ruse, ne le pouvant par la force? Esclave, ai-je affecté une fausse liberté, en faisant impunément ce qui m'était défendu, pour jouer dans la nuit à la toute-puissance?

Le voici, cet esclave, qui fuit son maître et n'atteint qu'une ombre. O corruption! ô monstre de vie! ô abîme de mort! Ce qui était illicite a-t-il pu me plaire par cela seul qu'il était illicite (1)?

VI.

QUE rendrai-je au Seigneur qui permet que je puisse me rappeler ces fautes sans en redouter les suites? Je vous aimerai, Seigneur, je vous re-

____

(1) L. ii, c. 6.

mercierai, je louerai votre nom, pour m'avoir remis tant d'œuvres mauvaises et criminelles. A votre grâce, à votre miséricorde j'attribue la gloire d'avoir fondu mes péchés comme la glace. Oui, c'est à votre grâce que je dois tout ce que je n'ai pas fait de mal. De quoi n'étais-je pas capable, moi qui ai aimé le péché pour lui-même !

Mais tout m'est pardonné, je le sais, et le mal que j'ai fait de plein gré et celui que, grâce à vous, je n'ai pas fait.

Quel homme, méditant sur sa faiblesse, oserait attribuer à ses propres forces sa chasteté et son innocence, pour vous en aimer moins, comme s'il avait moins besoin de votre miséricorde qui pardonne au pécheur converti? Que l'homme docile à l'appel de votre voix, qui lit ces souvenirs et ces aveux, ne raille pas le malade guéri par le Médecin auquel il doit de n'être pas ou d'être moins infirme; qu'il vous aime autant, qu'il vous aime davantage, reconnaissant que celui qui me délivre est le même qui l'a préservé des mortelles langueurs du péché (1).

Malheureux! quel fruit ai-je recueilli de ces actions qui maintenant me font rougir, et surtout de ce larcin dont j'ai aimé uniquement la malice? Nul fruit sans doute, car ce péché, qui n'est que néant en lui-même, n'était pour moi qu'un surcroît de misère.

Seul, je ne l'eusse pas commis; non, si je me rappelle bien mes dispositions d'alors, seul je ne l'eusse

(1) L. II, c. 7.

pas commis. En cela j'ai donc aimé la société des méchants, mes complices ; j'ai aimé quelque autre chose que le vol ; mais ce quelque autre chose lui-même n'est rien !

Quel fut en réalité le motif de ma faute ? Qui me l'enseignera, sinon Celui qui illumine le cœur et en dissipe les ténèbres ? Ce motif, je le cherche, je le discute, je le médite. Si je n'avais eu pour but que d'avoir ces fruits et d'en jouir, j'y suffisais seul ; je pouvais satisfaire ma convoitise sans l'irriter au contact de la malice d'autrui. Mais, comme ce n'était pas dans ces fruits que je cherchais mon plaisir, il est clair que je le trouvais dans le péché lui-même et dans la complicité des pécheurs (1).

VII.

Et ce mauvais sentiment, qu'était-il ? Ah ! sans doute, quelque chose de bien honteux, et malheur à moi qui en fus possédé ! Mais qui pourra m'en expliquer la nature ? *Qui a l'intelligence du pé-ché* (2) ! — C'était un rire malin qui nous chatouillait le cœur, à la pensée de tromper quelqu'un et d'aller contre sa volonté. Et pourquoi avais-je plaisir à ne pas agir ainsi seul ? Est-ce que seul on a peine à

(1) L. ii, c. 8.
(2) Ps. xviii, 13.

rire? Sans doute; et cependant un homme seul est gagné par le rire, si quelque objet ridicule s'offre à son esprit ou à ses sens. Mais moi, je n'eusse rien fait seul, non, je n'eusse rien fait de semblable. J'expose devant vous, Seigneur, un souvenir encore vivant. Seul je n'aurais trouvé aucun plaisir dans ce larcin...

O amitié ennemie! ô incroyable séduction de l'esprit! passion de s'amuser aux dépens d'autrui, sans motif d'intérêt ou de vengeance! Il suffit que quelqu'un dise : *Allons ici, faisons cela.....* on n'a d'autre pudeur que de n'être pas assez im-pudent (1).

Qui démêlera ces tortueux replis, ces nœuds inex-tricables? C'est une honte; je n'y veux plus penser, je ne la veux plus voir!

C'est vous que je veux, Justice, Innocence qui révélez à l'œil chaste votre radieuse beauté, et nous rassasiez en nous laissant toujours insatiables! En vous est la paix sans trouble, la vie sans fin. Entrer en vous, c'est *entrer dans la joie du Seigneur* (2), c'est vivre sans crainte dans la jouissance parfaite du Bien parfait.

Je me suis écoulé, comme l'eau, loin de vous, mon Dieu, errant dès l'adolescence hors de votre stabilité; et mon âme est devenue pour moi-même une terre stérile et désolée (3).

(1) L. II, c. 9.
(2) Matth. xxv, 21.
(3) L. II, c. x.

CHAPITRE QUATRIÈME

L'ÉTUDIANT DE CARTHAGE

UN des principaux habitants de Thagaste, nommé Romanianus, mit généreusement sa bourse à la disposition d'Augustin qui, grâce à cet opulent bienfaiteur, partit pour Carthage afin d'y reprendre, à l'école d'un nommé Démocratus, ses études si malheureusement interrompues (1).

Romanianus fut, à partir de ce jour, la providence de ce jeune homme dont il avait pressenti le génie. Augustin ne fut pas ingrat. Voici en quels termes il exprimait plus tard sa reconnaissance à celui qu'il aimait comme un second père :

Que ne vous dois-je pas ? C'est vous qui m'avez ouvert votre maison, votre bourse, bien mieux, votre cœur, à moi, jeune homme pauvre, exilé loin des miens par les nécessités de mes études. C'est vous qui, à la mort de mon père, m'avez consolé par votre amitié, ranimé par vos conseils, aidé par votre généreuse assistance. C'est vous qui, dans notre ville natale, en m'honorant de votre bienveillance et de votre familiarité, en me faisant votre hôte, m'avez fait participer en quelque sorte à votre rang illustre

(1) Vers la fin de l'année 370.

et à votre noblesse. Quand je désirais retourner à Carthage pour y entendre un professeur célèbre, c'est à vous seul que je confiai mon dessein et mon espérance ; durant quelque temps vous retardâtes mon départ, par amour pour notre patrie commune où j'enseignais déjà. Mais, n'ayant pu vaincre l'impatience de mon jeune cœur aspirant vers ce qui lui semblait meilleur, votre bienveillance, avec une sagesse admirable, favorisa le projet qu'elle avait déconseillé. Elle me procura le viatique nécessaire ; et après avoir veillé sur le berceau, sur le nid de mes études, elle soutint le premier essor de mes ailes..... Enfin, si je jouis maintenant d'une profonde paix, si je me suis envolé loin du piège des passions décevantes, si, débarrassé du faix de mes soucis mortels, je respire enfin ; si, plein de repentir, revenu à moi-même, je cherche de tout mon cœur la vérité, si je commence à marcher dans la voie avec l'espoir de parvenir au terme de la souveraine Sagesse, je le dois à votre inspiration, à votre impulsion, à votre concours (1).

Carthage, relevée de ses ruines, était, au temps d'Augustin, la ville la plus importante de l'Afrique romaine. — A peine en reste-t-il aujourd'hui quelques vestiges aux environs de Tunis.

Ses écoles étaient alors si célèbres, que le grand docteur ne craignait pas de les comparer à celles de Rome : Duæ tantæ urbes, latinarum litterarum arti-

____

(1) *Contra academicos,* l. ii, c. 3.

fices, Roma atque Carthago (1). *La splendeur de ses monuments répondait à sa renommée :* Carthago civitas ampla et illustris… fama celeberrima nobilis (2). *Ce qui valait bien mieux, la foi chrétienne s'y était enracinée profondément et avait grandi, arrosée du sang de nombreux martyrs.*

Mais la jeunesse qui, de toutes parts, accourait aux écoles de ses rhéteurs et de ses sophistes, semblait y ramener avec elle tous les excès du paganisme. Augustin se laissa entraîner au torrent. La passion du théâtre, la fréquentation d'amis indignes de lui, les leçons de maîtres impies le jetèrent dans le vice et dans l'erreur. Il acheva de perdre les mœurs, et bientôt, à son tour, la foi fit naufrage.

----

(1) Aug. ad Dioscorum epist. 117, n. 9.
(2) Aug. ad Glorium et Eleus. epist. 43, n. 7.

I.

JE vins à Carthage, où bientôt le brasier des passions criminelles m'enveloppa de toutes parts. Je n'aimais pas, mais je désirais aimer, et dans ma misère secrète je m'en voulais de n'être pas encore assez misérable. Mon cœur, en quête de convoitises, avait horreur des chemins sûrs et sans précipices. Privé de cet aliment intérieur qui est vous-même, ô mon Dieu, je ne sentais pas ma faim et n'avais nul désir de cette nourriture incorruptible, non que j'en fusse rassasié, mais parce que la disette où j'en étais augmentait mon dégoût.

Aussi mon âme était sans vigueur : couverte d'ulcères, elle se jetait misérablement hors d'elle-même, pour calmer au contact des créatures sensibles la démangeaison qui la dévorait. Je ne les aurais pas aimées, si elles n'eussent eu l'âme et la vie pour répondre à mon amour; mais je voulais de plus la jouissance criminelle.

Je souillais donc la source de l'amitié des fanges de la concupiscence; je ternissais sa sérénité des vapeurs infernales de la passion. Et cependant, hideux, infâme, j'avais la vanité de me complaire dans l'élégance et l'urbanité de mes manières.

Enfin, je tombai dans le piège où je souhaitais être pris. Mon Dieu, dans votre miséricordieuse bonté, de quel fiel avez-vous assaisonné ces coupables jouissances ! Je fus aimé, je me liai d'une secrète chaîne ; je mis ma joie à m'enlacer dans un réseau d'angoisses, à m'exposer aux morsures de ces verges brûlantes qui se nomment jalousies, soupçons, craintes, colères et querelles.

II.

J'étais épris du théâtre, miroir de mes misères, aliment du feu qui me dévorait. Comment se fait-il que l'homme, devant un spectacle lamentable et tragique, aime à s'apitoyer sur des maux qu'il ne voudrait pas souffrir ? Spectateur, il veut y compatir et trouve son plaisir dans cette compassion même. N'est-ce pas la folie d'un esprit malade, d'autant plus touché de telles scènes qu'il est moins guéri des affections mauvaises dont elles offrent le tableau ?

Pâtir, c'est être misérable ; compatir, miséricordieux. Mais quelle place peut avoir la miséricorde, là où tout est fiction ? Il ne s'agit pas d'appeler au secours, mais de provoquer aux larmes, et l'acteur est d'autant plus applaudi qu'il fait mieux pleurer. Que si ces antiques et fabuleuses catastrophes sont jouées sans attendrir le spectateur, il s'en va, le dégoût et le blâmé aux lèvres. Est-il douloureusement ému, il demeure attentif et trouve sa joie dans ses pleurs.

Est-ce donc que nous aimons la douleur ? Non; tout homme aspire à la joie. Mais, si la souffrance lui déplaît, il se complaît dans la compassion, et celle-ci ne pouvant aller sans la douleur, il aime, à cause d'elle, la douleur qui l'accompagne.

C'est l'effet de l'amour que nous portons à nos semblables. Hélas ! où court-il cet amour, sur quoi s'épanche-t-il ? Comment va-t-il se perdre dans le torrent de poix bouillante, dans le gouffre béant des noires voluptés ? Eau céleste et limpide qui, par notre malice, détournée de son cours, se change en eau bourbeuse !

Faut-il donc étouffer en nous la compassion ? Nullement. Il est permis parfois d'aimer la douleur. Mais, fuis l'impureté, ô mon âme; sous la tutelle de mon Dieu, du Dieu de nos pères, éternellement digne de tout honneur et de toute louange, fuis l'impureté ! Je ne suis pas aujourd'hui fermé à la commisération; mais alors, au théâtre, si deux héros parvenaient à jouir d'un amour criminel, bien que ce ne fût qu'une fiction, un jeu d'imagination, j'en étais heureux. Si quelque catastrophe les séparait, j'en avais pitié et je me complaisais dans ces deux sentiments.

Maintenant, je plains beaucoup plus celui qui se réjouit dans le crime que le malheureux privé d'une volupté funeste et d'une misérable félicité. Voilà une commisération plus vraie; mais la douleur n'y est point un plaisir.

Car si la charité se fait un devoir de plaindre la

souffrance, elle préférerait de beaucoup qu'il n'y eût pas de souffrance à plaindre. Comme la bonté ne peut vouloir le mal, de même la miséricorde ne saurait désirer qu'il y eût des misères sous prétexte de les soulager.

Il est donc certaine douleur permise; il n'en est pas d'aimable. Aussi, mon Dieu, vous qui aimez les âmes d'un amour infiniment plus pur que nous, vous avez pour elles une compassion d'autant plus parfaite que vous êtes inaccessible à la douleur. Mais qui peut s'élever jusque-là?

Infortuné que j'étais, j'aimais la douleur, je m'en créais des motifs. Au spectacle de ces calamités imaginaires qui ne m'atteignaient pas, le jeu de l'acteur me ravissait d'autant plus qu'il m'arrachait des larmes. Malheureuse brebis, échappée loin du troupeau à votre garde vigilante, est-il étonnant que je fusse couvert d'une lèpre honteuse? Et de là venait le plaisir que je prenais à ces douleurs, que je ne laissais pas d'ailleurs pénétrer plus avant; car je n'aurais pas voulu souffrir ce que je m'amusais à voir; mais le frôlement de ces fictions chatouillait mon cœur comme un ongle envenimé, et suffisait à produire une tumeur brûlanté, un horrible ulcère. Et telle était ma vie : était-ce vivre, ô mon Dieu (1)!

(1) L. III, c. 2.

III.

CEPENDANT votre miséricorde toujours fidèle planait de loin sur moi. En quelles iniquités ne me suis-je pas consumé! Entraîné loin de vous par une curiosité sacrilège, j'en vins au comble de l'infidélité, au culte trompeur des démons à qui j'offrais mes péchés comme autant de sacrifices.

Et la verge de votre justice ne cessait de me frapper! J'osai même, pendant la célébration d'une de vos solennités, dans l'enceinte d'une de vos églises, convoiter et marchander des fruits de mort. Alors votre main s'appesantit davantage sur moi ; mais qu'était-ce en proportion de ma faute, ô mon Dieu, miséricorde infinie, mon refuge contre ces épouvantables criminels parmi lesquels je m'égarais, présomptueux, la tête haute, toujours plus loin de vous, aimant mes voies et non les vôtres, aimant ma liberté d'esclave fugitif (1)!

Dans les études qu'on estime honnêtes, j'avais en vue les disputes du barreau ; je voulais m'y distinguer

____

(1) Bien des années plus tard, saint Augustin, prêchant à Carthage, s'accusait publiquement d'avoir, durant sa jeunesse, mené dans cette ville une vie coupable et d'avoir été de ceux que l'Apôtre saint Paul nomme des insensés, des incrédules, des hommes rebelles à toute bonne œuvre. (*In psal. 36, sermo 3, n. 19.*)

et remporter d'autant plus de succès que j'userais de plus d'artifices. Si aveugles sont les hommes, qu'ils se glorifient même de leur aveuglement!

Déjà j'occupais le premier rang dans la classe du rhéteur, ce qui m'enflait de joie et d'orgueil. D'humeur beaucoup plus paisible, vous le savez, mon Dieu, j'avais un grand éloignement pour les excès de ces jeunes gens qu'on appelait brise-tout, *eversores*, nom de furie et de démon, devenu un titre d'élégance mondaine (1). Je vivais parmi eux, impudemment honteux de ne leur pas ressembler; je les fréquentais et me plaisais dans leur commerce, malgré l'horreur que m'inspiraient leurs actes, par exemple, ces mystifications insolentes dont ils assaillaient la simplicité de l'étranger, faisant de son trouble la pâture de leurs malignes joies. Quoi de plus semblable à la conduite des démons? Destructeurs, dupes de leurs destructions et de leur malice, moqueurs impitoyables, objet des secrètes risées des esprits de mensonges (2)!

IV.

C'est en leur compagnie, à l'âge de la faiblesse, que j'étudiai l'éloquence. Je désirais y exceller pour jouir de la gloire humaine, vaine et damnable

(1) « Je sais à n'en pas douter que, lorsqu'éloigné encore de la foi chrétienne, vous vous adonniez aux études, vous aimiez une vie honnête et tranquille. » *(Lettre de l'évêque Vincentius à saint Augustin.* Aug. epist. 93.)

(2) L. III, c. 3.

fin! L'ordre accoutumé des études me mit sous les yeux un livre de Cicéron, homme dont on admire plus la langue que le cœur. Ce livre contient une exhortation à la philosophie et a pour titre *Hortensius*. Sa lecture changea mes sentiments, me fit vous adresser, ô mon Dieu, de tout autres prières, et m'inspira des desseins et des désirs nouveaux. Soudain, toute espérance frivole s'avilit à mes yeux; je me mis à soupirer, avec une incroyable ardeur, après l'immortelle sagesse, et je me soulevai pour aller à vous. Il ne s'agissait plus, en le lisant, de raffiner mon langage, unique fruit que semblaient payer, pour un fils de dix-neuf ans, les épargnes de ma mère, veuve depuis deux années. Je m'étais attaché non aux formes du style, mais au fond des choses.

Comme je brûlais, ô mon Dieu, comme je brûlais de m'envoler de la terre vers vous! Mais j'ignorais comment vous en agissiez avec moi. La sagesse habite en vous, et la philosophie dont j'étais épris n'est autre chose que l'amour de la sagesse. Il en est qui, pour séduire, se servent du mot de philosophie, mot noble, doux et glorieux dont ils colorent et fardent leurs erreurs. Ce sont tous ces faux sages de son temps et des siècles antérieurs que Cicéron démasque dans son livre, rendant à son insu témoignage à l'avertissement salutaire que donne votre Saint-Esprit par la bouche de votre bon et fidèle serviteur : *Prenez garde que personne ne vous séduise par la philosophie, par de vaines subtilités, en suivant la tradition des hommes et les principes d'une fausse science, et non pas Jésus-Christ, en qui habite corporellement toute la plénitude de la divinité* (1).

Alors, vous le savez, Lumière de mon cœur, cet avis de l'Apôtre ne m'était pas connu ; ce qui me plaisait dans l'*Hortensius*, c'est que ce n'était pas telle secte ou telle autre, mais la sagesse elle-même, quelle qu'elle fût, qu'il proposait à mon amour, à mes désirs, à ma poursuite, à ma possession. C'est à l'embrasser qu'il excitait ardemment mon cœur. Une seule chose ralentissait l'élan de mon enthousiasme : je ne trouvais pas dans ce livre le nom de Jésus-Christ. Ce nom, selon le dessein de votre miséricorde, Seigneur, ce nom de mon Sauveur, votre Fils, restait profondément gravé dans mon cœur, depuis que, tendre encore, il l'avait bu avec le lait maternel. Sans ce nom, nul livre, si rempli qu'il fût d'érudition, d'éloquence, de vérité, ne me ravissait entièrement (2).

V.

JE résolus donc de m'appliquer aux saintes Écritures, pour voir ce qu'elles étaient. Et voici que je vois une chose impénétrable aux superbes, révélée aux enfants, humble au premier abord, sublime

(1) Saint Paul, ép. aux Colossiens, II, 8.
(2) L. III, c. 4.

quand on avance, et toute voilée de mystère. Je
n'étais pas digne d'approcher, ni même de me pro-
sterner au seuil; car je n'en pensais pas alors comme
j'en parle aujourd'hui; l'Écriture me paraissait indigne d'être mise en parallèle avec la majesté cicé-
ronienne. Mon orgueil dédaignait sa simplicité,
tandis que mon regard ne pénétrait pas ses profondeurs. Et pourtant elle grandit avec les petits; mais
j'aurais eu honte d'être petit, et je prenais ma vaine
enflure pour de la grandeur (1).

VI.

C'EST ainsi que je devins la proie d'hommes orgueilleux jusqu'au délire (2), charnels et grands
parleurs, dont la bouche recélait un piège de Satan,

(1) Livre III, c. 5. Vous pouvez m'en croire, disait-il plus
tard à son peuple d'Hippone, lorsque je vous parle du respect
avec lequel nous devons recevoir ce que nous apprend l'Écriture. Car je ne vous le dis qu'après avoir été trompé moi-même
autrefois par les hérétiques (les Manichéens). Etant encore
fort jeune, je voulais examiner avec subtilité les divines Écritures avant que d'en avoir demandé l'intelligence avec piété.
Aussi je ne faisais que me fermer moi-même, par une
conduite perverse, la porte de mon Seigneur. J'aurais dû
frapper afin qu'on m'ouvrît, et je me la fermais de plus en
plus. J'étais assez hardi de chercher avec orgueil ce que l'humilité seule peut faire trouver. Insensé que j'étais! j'avais
quitté le nid, me croyant capable de voler, et bien loin de
m'élever dans les airs, je tombai à terre! *(Serm. 51.)*
(2) *Les Manichéens,* dont il sera question au chapitre suivant.

un appât composé d'un confus mélange de syllabes empruntées à votre Nom, au nom de Jésus-Christ, à celui du Saint-Esprit consolateur. Ces noms ne quittaient pas leurs lèvres; mais ce n'était qu'un vain bruit de la langue: le Vrai n'habitait pas leur cœur. Ils disaient: *Vérité! vérité!...* Ils m'en parlaient sans cesse, mais elle n'était pas en eux. Ils débitaient des mensonges, non seulement sur vous, qui êtes vraiment la Vérité, mais sur les éléments constitutifs de ce monde, ouvrage de vos mains, au sujet duquel je devais aller bien au delà de tout ce qu'ont pu dire les philosophes. Je le dois à votre grâce, ô mon Père souverainement bon, Beauté, source de toutes beautés!

O vérité! vérité! comme du fond de l'âme je soupirais vers vous, alors même que votre nom seul résonnait à mon oreille, redit sans cesse par leurs bouches, répété dans leurs nombreux et longs ouvrages!...

J'avais rencontré cette femme audacieuse et folle que Salomon nous montre en parabole; assise au seuil de sa porte, elle crie: *Mangez hardiment ce pain caché; buvez cette eau si douce, que j'ai dérobée* (1). Elle me séduisit, parce qu'elle me trouva dehors, tout entier au monde des sens et repaissant mon esprit de ce qu'avaient dévoré mes yeux (2).

(1) Proverb. ix, 17.
(2) L. iii, c. 6.

VII.

Mais vous avez étendu votre main d'en haut, et vous avez tiré mon âme de ces profondes ténèbres, alors que ma mère, votre fidèle servante, pleurait sur moi plus que les autres mères sur le cercueil de leurs fils. Elle me voyait mort à la foi, à l'Esprit qu'elle tenait de vous, et vous l'avez exaucée, Seigneur !

Vous l'avez exaucée ! vous n'avez pas dédaigné ses larmes dont le torrent arrosait la terre sous ses yeux, partout où elle se prosternait dans la prière.

Vous l'avez exaucée ! car d'où pouvait lui venir ce songe qui la consola si bien qu'elle me permît de vivre auprès d'elle, dans sa maison, de manger à sa table, d'où elle m'avait éloigné par horreur de mes blasphèmes impies ?

Elle se voyait debout sur une règle de bois, quand un jeune homme vint vers elle, tout rayonnant de lumière, souriant aimablement à sa tristesse morne et découragée. Il lui demanda la cause de sa douleur et de ses larmes continuelles, du ton de quelqu'un qui veut plutôt instruire que s'enquérir. Et sur sa réponse qu'elle pleurait ma perte, il lui ordonna de ne se plus mettre en peine et de faire attention que, là où elle était, j'étais moi-même. Elle regarda, et me vit à côté d'elle, sur la même règle, debout.

Ah ! vous prêtiez assurément l'oreille au cri de son cœur, Dieu bon, tout-puissant, qui prenez soin de chacun comme s'il était seul, et de tous comme de chacun !

J'ajouterai que lorsque ma mère me raconta la vision, je m'efforçai de l'entraîner à l'espérance de devenir un jour ce que j'étais ; mais elle, aussitôt et sans hésiter : « Non, répondit-elle, on ne m'a pas dit : *Vous serez où il est,* mais bien : *Il sera où vous êtes.* »

Je rappelle devant vous ce souvenir, Seigneur, comme je l'ai déjà dit souvent ; la réponse de ma mère si attentive à votre oracle et si prompte à voir la vérité qui m'échappait, sans se laisser troubler par une fausse interprétation, cette réponse m'émut bien plus que le songe lui-même, qui consolait son inquiétude présente et lui présageait la joie pour un avenir encore lointain.

Car neuf années s'écoulèrent, durant lesquelles je me roulai dans la fange du péché et les ténèbres de l'erreur, faisant de fréquents efforts pour me relever, et retombant toujours plus bas. Et cependant cette veuve pieuse, chaste et sobre, semblable à celles que vous aimez, plus facile à l'espérance, mais non moins assidue à gémir et à pleurer, ne cessait, aux heures de ses longues prières, de se lamenter sur moi.

Ses prières montaient jusqu'en votre présence, et vous me laissiez néanmoins me tourner et me retourner dans cette profonde nuit (1).

(1) L. III, c. 11.

VIII.

VERS le même temps vous prononciez un autre oracle dont je me souviens. Il est bien des choses que je passe, pour courir à celles qui m'excitent davantage à vous bénir ; il en est aussi que j'ai oubliées.

Cet oracle, vous l'avez rendu par la bouche d'un évêque, nourri dans votre Église, versé dans la science de vos Écritures. Ma mère le priait un jour de daigner converser avec moi pour réfuter mes erreurs, me désapprendre le mal et m'enseigner le bien, supplication qu'elle adressait à tous ceux qu'elle croyait capables d'une telle entreprise. Il refusa, et c'était agir prudemment, comme je l'ai reconnu plus tard. Mon esprit, disait-il, était encore trop indocile, séduit par la nouveauté de l'erreur et fier du succès de quelques disputes dans lesquelles, ainsi que le lui avait raconté ma mère, j'avais troublé la simplicité de plusieurs personnes ignorantes (1).

« Laissez-le, ajouta-t-il ; contentez-vous de prier le Seigneur pour lui. En étudiant, il apprendra lui-même tout ce qu'il y a là d'erreur et d'impiété. »

(1) Augustin s'accuse ailleurs d'avoir alors, avec une impétuosité juvénile, défendu l'hérésie et tourné contre la foi catholique les traits envenimés d'une loquacité furieuse : *fidem catholicam miserrima et furiosissima loquacitate vastabam. (De dono perseverantiæ,* lib. II, c. 20.)

Et il lui raconta que, tout enfant, il avait été livré aux Manichéens par sa mère, malheureusement séduite ; qu'il avait non seulement lu, mais copié presque tous leurs livres, et que, sans dispute, sans exhortation de personne, il avait vu clairement qu'il fallait fuir cette secte, et il l'avait fuie.

Comme ma mère, sans se rendre à ses paroles, le pressait plus encore de ses prières et de ses larmes abondantes, pour qu'il me vît et conversât avec moi : « Allez, dit-il avec quelque impatience ; allez, et vivez toujours ainsi. Il est impossible qu'il périsse, le fils de telles larmes ! »

Plus tard, dans nos entretiens, ma mère rappelait souvent qu'elle avait reçu cette réponse comme une voix du ciel (1).

L. III, c. 12.

CHAPITRE CINQUIÈME

LA FAUSSE SCIENCE.

UGUSTIN étudiait depuis une année à Carthage, lorsqu'il perdit son père. Patrice, grâce aux prières et aux larmes de Monique, était mort chrétien. « Dans les derniers temps de sa vie temporelle, devenu chaste en devenant croyant, il ne donnait plus sujet à sa femme de pleurer sur les désordres qu'elle avait supportés avec tant de patience, tandis qu'il était infidèle (1). »

Malgré les épreuves domestiques qui furent la conséquence de ce deuil, le jeune homme put continuer à Carthage ses travaux littéraires et juridiques. Sa pieuse mère s'imposa pour lui les plus durs sacrifices, et son bienfaiteur Romanianus lui fut un second père (2).

Augustin faisait d'admirables progrès dans la science; son génie se jouait au milieu des difficultés qui déconcertaient les autres. La philosophie d'Aristote n'avait pas pour lui de secret. L'Hortensius de Cicéron, nous l'avons vu, l'enflammait d'un

(1) *Confess.* l. IX, c. 9.
(2) Tu patre orbatum amicitia consolatus es, hortatione animasti, ope adjuvisti. (*Academ.* l. II, c. 2.)

amour enthousiaste pour la sagesse. Il s'essayait à lire les saintes Écritures, mais sans en goûter la simplicité divine, sans en pénétrer la profondeur. Sa curiosité et son orgueil leur préféraient les livres profanes ; il dévorait tous ceux qui lui tombaient sous la main.

Fier de ces dons de l'esprit, Augustin, à vingt ans, crut pouvoir se passer de guide. Aussi bien, le disciple était devenu maître et commençait à enseigner ce qu'il avait appris.

Ce fut alors qu'il fut pris à l'amorce de la fausse science qui, dans ce temps-là, n'avait pas de plus habiles prôneurs que les Manichéens. Je me persuadai, *écrivait-il plus tard* (1), qu'il valait mieux croire à la Science qu'à l'Autorité, et je me livrai à certains hommes qui regardent cette lumière qui frappe nos yeux comme quelque chose d'infini, de divin, d'adorable. Je n'acquiesçais pas à leurs assertions, mais je m'imaginais que sous ces voiles ils cachaient quelque grand secret qu'ils me découvriraient plus tard.

Et dans un autre ouvrage dédié à son ami Honoratus, Augustin, revenant sur le même aveu, dit encore : Vous savez que si nous donnâmes dans le piège des Manichéens, ce fut uniquement parce qu'ils nous assuraient que, sans se servir de la voie impérieuse de l'Autorité, ils conduiraient leurs disciples à Dieu et les délivreraient de toute erreur par la pure

______

(1) *Lib. de Vita beata,* n. 4.

et simple Raison. Comment m'obligèrent-ils à les suivre durant neuf années et à les écouter docilement, au mépris de la religion que mes parents m'avaient mise au cœur dès l'enfance? C'est qu'à les en croire, au lieu des terreurs de la superstition et du joug de la 'Foi imposée avant tout examen de la Raison, ils n'exigeaient l'assentiment qu'après avoir, par la discussion, mis la vérité dans son plein jour. Quel homme ne serait séduit par de si belles promesses, surtout s'il est jeune, amoureux du vrai, plein de la vanité et du babil auxquels habituent les disputes subtiles de l'école? C'est dans cette disposition d'esprit qu'ils me trouvèrent, désireux de puiser à la source pure de la vérité promise et méprisant tout le reste comme des contes de vieilles femmes.

Mais, d'autre part, si je ne m'attachai pas complètement à eux et me contentai d'être au rang de ceux qu'ils appellent *auditeurs*, sans vouloir abandonner les affaires et les espérances du siècle, c'est que je m'aperçus qu'ils étaient bien plus fertiles en paroles pour réfuter la doctrine des autres, que riches en raisons pour établir la leur (1).

Manès, d'après saint Augustin, si bien instruit des mystères de la secte (2), *prêchait l'existence de deux*

---

(1) *De utilitate credendi*, c. 1, n. 2.

(2) Saint Augustin a écrit un grand nombre d'ouvrages contre les Manichéens, dans lesquels il expose avec grand détail et réfute victorieusement leurs erreurs. Il serait trop long de les signaler ici; nous renvoyons aux œuvres du saint docteur, nous contentant de résumer en peu de mots l'exposé qu'il fait lui-même de l'hérésie manichéenne.

principes *éternels, contraires l'un à l'autre, de deux*
substances, l'une bonne et l'autre mauvaise, per-
pétuellement en guerre. Le monde, disait l'héré-
siarque, est l'œuvre de Dieu ou du bon principe, mais
il est fait du mélange des deux substances opposées,
dont la séparation s'opère peu à peu par l'intervention
des Élus, à mesure que ceux-ci prennent de la nour-
riture! Ces Élus *étaient les parfaits de la secte, qui*
renfermait aussi un ordre inférieur d'adeptes appelés
Auditeurs.

A l'exception des seuls Élus, *tous les hommes sont*
plongés dans le mal. Ceux d'entre eux qui sont puri-
fiés par le ministère des saints du manichéisme, re-
tournent à Dieu, portés sur de grands navires qui
sont le soleil, la lune, faits de la substance divine,
celle-ci n'étant autre chose que la lumière.

Quant à la substance mauvaise, elle comprend cinq
éléments : la fumée, les ténèbres, le feu, l'eau et le
vent. Les oiseaux sont nés du vent, les poissons de
l'eau, les quadrupèdes du feu, les serpents des té-
nèbres, enfin de la fumée les bipèdes, dont les hommes
tirent leur origine. Ce dernier trait prouve que
certains savants *modernes n'ont rien inventé.*

C'est plus qu'il n'en faut pour rendre intelligibles
les allusions que fait Augustin au système de Manès,
dans son livre des Confessions. *Le reste est un mé-*
lange d'absurdités, d'abominations, de blasphèmes
qui n'excitent pas moins la pitié que le dégoût. Ajou-
tons seulement que les Élus, *niant le libre arbitre et*
attribuant le péché de l'homme à l'action nécessaire et

*fatale du principe mauvais, s'abandonnaient en secret
aux plus honteux désordres et regardaient les pires
infamies comme des actes de religion.*

Au dehors ils affectaient une grande austérité de
vie, afin de tromper les hommes. Augustin,
simple auditeur, *ignorait leurs abominables mystères. C'est ce qu'il déclare dans sa première dispute
contre le Manichéen Fortu-
natus.* (Disput. 1 contra
Fortunat. manich.
Oper. tom. vi,
p. 66.)

I.

Durant un intervalle de neuf années, — de dix-neuf à vingt-huit ans, — jouet de mes instincts déréglés, je fus tout ensemble séduit et séducteur, trompé et trompeur; en public par l'enseignement des sciences qu'on nomme libérales, en secret par le mensonge d'une fausse religion; ici, jouet de l'orgueil, là, de la superstition, partout, de la vanité. Épris d'un fantôme de gloire, je mendiais les applaudissements du public jusque sur les théâtres, dans les joutes de poésie dont le prix était une couronne de fleurs aussitôt fanées, dans les folies des spectacles et toutes les intempérances de la passion.

Et de là, courant aux sectateurs de Manès, qui se nommaient *les Élus, les Saints*, je leur apportais des aliments afin que, dans le laboratoire de leur estomac, il se formât des *anges* et des *dieux* capables de me purifier de mes souillures !

Voilà les extravagances que je professais avec plusieurs amis séduits comme moi, hélas ! et par moi (1).

(1) Parmi les nombreuses victimes de son funeste prosélytisme, saint Augustin compte avec douleur son meilleur ami Alypius, son généreux Mécène Romanianus et cet Honoratus auquel il dédia plus tard son beau traité *De l'utilité de croire*, afin d'amener à la foi celui qu'il avait entraîné dans l'erreur.

Qu'ils me raillent, ces superbes, que vous n'avez pas encore, ô mon Dieu, renversés et brisés pour leur salut ; je ne laisserai pas de vous glorifier par l'aveu de mes hontes. Donnez-moi, je vous prie, donnez-moi de promener aujourd'hui mon souvenir par tous les détours de mes erreurs passées et de vous offrir un sacrifice d'allégresse. Car, sans vous, que suis-je à moi-même, sinon un guide de perdition ? Et que suis-je, quand mon âme est en santé, sinon le nourrisson que vous allaitez de votre suave et incorruptible aliment ? Quel qu'il soit, l'homme est-il autre chose qu'un homme ? Qu'ils nous raillent, les puissants, les forts ! nous, les faibles, les indigents, nous continuerons à vous glorifier (1).

II.

J'ÉTAIS affamé de vous, ô mon Dieu, et que me donnaient-ils à votre place ? Le soleil, la lune ; non pas vous, mais vos œuvres, et non les plus parfaites. Car vos créatures spirituelles sont plus excellentes que ces corps célestes et lumineux.

Ce n'était pas ce que vous aviez fait de meilleur, mais vous-même, ô Vérité immuable et sans ombre, dont j'avais faim et soif, tandis qu'on ne me servait

____

(1) L. IV, c. I.

pour aliment que de brillants fantômes. Mieux valait encore aimer ce soleil, qui du moins ne trompe pas les yeux, que ces mensonges qui séduisent l'esprit. Et cependant, les prenant pour vous, je m'en repaissais, mais sans avidité, parce que je n'y trouvais pas la saveur qui est en vous.

Ces vaines fictions, n'ayant rien de commun avec vous, loin de me nourrir, augmentaient mon épuisement. Le pain que l'on croit manger en songe ressemble du moins au pain véritable, quoiqu'il nous laisse à jeun et qu'il ne soit qu'un rêve ! Ces vanités ne vous ressemblaient en rien, comme vous me l'avez révélé depuis ; c'étaient des fantômes de corps, des corps imaginaires, moins vrais que ces corps matériels que notre œil de chair contemple au ciel et sur la terre, et qui frappent le regard des animaux comme le nôtre. Ceux-là sont quelque chose de plus réel que l'image que nous nous en formons. Mais combien ce que reproduit notre imagination a plus de réalité que cette folle induction qui se plaît à soupçonner des corps immenses, infinis, — pur néant dont je me repaissais alors !

Mais vous, mon amour, en qui je défaille afin d'être fort, vous n'êtes rien de ces choses matérielles que nous voyons même au ciel, rien de ce que nous n'y voyons pas ; car tout cela est votre ouvrage, sans être même votre chef-d'œuvre. Combien donc êtes-vous loin de ces fantômes de mon esprit, de ces êtres imaginaires, sans aucune réalité, qui ne sont pas même des corps ! Vous n'avez rien de corporel, et cependant vous n'êtes pas non plus l'âme qui est la vie du corps, et qui, par conséquent, est meilleure, plus réelle que lui. Non ; vous êtes la vie des âmes, la vie des vies, ô vie de mon âme, qui vivez par vous-même et ne changez pas !

Où étiez-vous alors ? Que vous étiez loin de moi, ou plutôt que j'étais loin de vous, fils exilé, privé de la pâture que je servais aux pourceaux ! Ah ! les fables des poètes sont préférables à ces mensonges. Les vers qui me content l'enlèvement de Médée sont encore plus utiles que le système spécieux des cinq éléments correspondant aux *cinq cavernes ténébreuses* (1), chimère qui tue l'âme crédule. Car du moins les vers procurent du pain au poète ! Si je chantais Médée qui s'envole, je n'affirmais pas le fait ; si je l'entendais raconter, je n'y croyais guère. Mais ces folles erreurs, je les ai crues !

Malheur ! malheur ! par quels degrés ai-je roulé au fond de l'abîme ! Dans la laborieuse et haletante poursuite de la vérité qui me manquait, je vous cherchais, ô mon Dieu ! Mais j'avoue mon égarement, à vous qui m'avez pris en pitié quand je ne l'avouais pas encore; je ne vous cherchais pas avec l'intelligence qui m'élève au-dessus des animaux, mais seulement avec le sens charnel. Cependant vous m'étiez plus intime que moi-même, plus excellent que ce que mon âme a de meilleur (2).

(1) Allusion aux folles rêveries des Manichéens.
(2) *Confess.*, l. iii, c. 6.

III.

EN ce temps-là, j'enseignais la rhétorique (1) et, vaincu par la cupidité, je vendais l'art de vaincre les autres par la parole. Je préférais pourtant, vous le savez, mon Dieu, ce qu'on appelle de bons disciples, et, en toute simplicité, je leur apprenais l'artifice, non pour mettre en péril la vie de l'innocent, mais pour sauver parfois une tête coupable. Et vous, mon Dieu, vous m'avez vu de loin, sur le chemin glissant où je m'aventurais, conserver encore, au milieu d'une épaisse fumée, l'étincelle de cette probité du maître à l'égard de disciples dont j'étais le compagnon dans l'amour de la vanité et la recherche du mensonge.

Poussé par une imprudente et folle ardeur, je m'étais dès lors engagé dans une union illégitime ; ce fut la seule, et j'y restai fidèle. Je ne laissai pas d'apprendre, par ma propre expérience, la différence qu'il y a entre le pacte conjugal dont l'objet est de fonder une famille, et la liaison criminelle où la venue de l'en-

(1) Augustin, ayant achevé le cours de ses études littéraires et juridiques, revint à Thagaste, où il enseigna la grammaire ou la rhétorique. Sa mère, par horreur pour le manichéisme que professait son fils, lui interdit quelque temps le seuil de sa maison. Ce fut alors qu'Augustin reçut l'hospitalité de Romanianus. Il eut pour disciple chéri le jeune Alypius, dont il sera question plus tard.

fant trompe le vœu de ceux qui lui donnent la vie, bien qu'à peine né il force leur tendresse (1).

Je me souviens aussi qu'ayant voulu concourir pour un poème dramatique, je ne sais quel aruspice me fit demander ce que je lui donnerais s'il m'obtenait la victoire. Plein d'horreur pour ces abominables sacrilèges, je répondis que, la couronne fût-elle d'or, fût-elle impérissable, je ne souffrirais pas que mon succès coûtât la vie à une mouche. Je savais qu'il devait immoler des animaux en sacrifice, pour me gagner, par cette offrande, l'assistance des démons. Mais ce ne fut pas pour votre chaste amour, ô Dieu de mon cœur, que je répudiai ce crime. Car je ne savais pas vous aimer, moi qui ne savais concevoir que des beautés corporelles. L'âme qui soupire après de tels fantômes n'est-elle pas adultère, dupe du mensonge, pâture des vents ? Je ne voulais pas qu'on sacrifiât pour moi aux démons à qui, par ma superstitieuse créance, je me sacrifiais moi-même ! Et qu'est-ce donc que *repaître les vents* (2), sinon, par nos égarements, nous livrer en pâture à la risée et à la cruelle joie des esprits de ténèbres (3) ?

---

(1) Augustin, dès son premier séjour à Carthage, avait contracté cette union illégitime. Attiré de nouveau dans cette ville par le désir d'y entendre un professeur célèbre, il s'y établit et ouvrit lui-même une école d'éloquence. La naissance d'un fils qu'il nomma *Adeodatus* riva plus fortement la chaîne qui le retenait captif.

(2) Osée, XII, 1.

(3) L. IV, c. 2.

IV.

Par contre, je ne cessais de consulter les astrologues, sous prétexte que leurs divinations n'exigeaient aucun sacrifice et qu'ils n'adressaient aucune prière aux mauvais esprits ; mais la véritable piété chrétienne ne les repousse et ne les condamne pas moins.

C'est à vous, Seigneur, qu'il faut confesser mes fautes et dire : *Ayez pitié de moi, guérissez mon âme, parce que j'ai péché* (1). Loin d'abuser de votre indulgence pour vous offenser, je dois me rappeler cette parole du Seigneur : *Voilà que tu es guéri : désormais garde-toi de pécher, de peur qu'il ne t'arrive pis encore* (2). C'est ce précepte salutaire qu'ils s'efforcent d'anéantir, les imposteurs qui disent : *Il y a dans les astres une influence fatale qui vous contraint au péché. Vénus a fait ceci, ou Saturne, ou Mars...* — Ainsi, pour innocenter l'homme, chair et sang, orgueilleuse pourriture, on rejette la faute sur le créateur et l'ordonnateur des cieux et des constellations ! Et quel autre est-il que vous, ô Dieu de douceur, source de toute justice, *qui rendez à chacun selon ses œuvres* (3), *et ne méprisez pas le cœur contrit et humilié* (4) ?

(1) Ps. xl, 5.
(2) Joann. v, 14.
(3) Matth. xvi, 27.
(4) Ps. l, 19.

Il y avait alors à Carthage un homme d'un esprit pénétrant, — il se nommait Vindicianus, — très habile et très célèbre médecin ; c'est lui qui, sur ma tête malade, avait posé la couronne, prix de ma victoire poétique, en qualité, non de médecin, mais de proconsul. Car vous seul, mon Dieu, guérissez l'orgueil, *vous qui résistez aux superbes et donnez la grâce aux humbles* (1). Par ce vieillard néanmoins vous n'avez cessé de m'assister et de soigner mon âme.

Je jouissais de son intimité ; j'étais constamment attentif à ses discours, d'une simplicité sans art, mais d'une vivacité de pensée et d'une gravité pleines de charmes. Quand il apprit, par nos entretiens, ma passion pour les ouvrages d'astrologie, il me conseilla, avec une bonté paternelle, de les délaisser et de ne pas perdre à une étude aussi vaine un temps et des soins réclamés par les travaux utiles. Il me racontait que, dans ses premières années, il s'était sérieusement adonné à l'astrologie, dans le dessein de s'en faire une profession lucrative ; qu'il aurait bien pu y réussir, puisqu'il s'était élevé à l'intelligence d'Hippocrate, mais qu'il avait abandonné cette fausse science dès qu'il en avait reconnu la complète erreur, pour s'attacher à la médecine, la probité lui défendant de gagner sa vie en dupant ses semblables.

« Mais vous, me dit-il, qui pouvez vous procurer une aisance honorable avec la rhétorique, vous qui vous attachez à ces mensonges par caprice et non par

(1) I. Petr. i, 5.

besoin, vous devez en croire un homme qui s'était appliqué à creuser cette fallacieuse science pour en faire son unique gagne-pain. »

Et comme je lui demandais d'où venait que plusieurs prédictions se trouvaient véritables, il me répondit, comme il put, qu'il fallait l'attribuer à la puissance du hasard répandue dans toute la nature. « Feuilletez un poème dont le sujet est tout différent de la pensée qui vous occupe ; souvent vous tombez sur un vers qui offre avec elle une merveilleuse conformité. Ne vous étonnez donc pas si l'âme humaine, par un instinct supérieur dont elle n'a pas conscience, par hasard et non par divination, rend parfois un son qui s'accorde à l'état et à la conduite d'une autre âme. »

Voilà, mon Dieu, ce que j'ai appris de lui, ou de vous par lui. Ce que je devais chercher plus tard par moi-même, vous l'avez esquissé d'avance dans ma mémoire. Mais alors, ni Vindicianus, ni mon cher Nebridius, jeune homme plein de bonté et de prudence, qui se riait de cet art divinatoire, ne purent me persuader de le rejeter ; je cédais à l'autorité de ceux qui en ont écrit, sans avoir trouvé ce que je cherchais : une preuve évidente que le hasard et non le calcul des mouvements célestes décidât de la vérité de ces prédictions (1).

(1) L. IV, c. 3.

IV.

J'AVAIS vingt-six à vingt-sept ans lorsque j'écrivis mon livre *de la Beauté et de la Convenance* (1), l'esprit tout occupé de fantômes sensibles qui bourdonnaient à l'oreille de mon cœur. J'aurais voulu pourtant, ô douce Vérité, la rendre attentive à votre secrète mélodie, quand je méditais sur le beau et le convenable, jaloux de me tenir devant vous, de vous écouter et de me réjouir à la voix de l'Epoux ; et je ne le pouvais, entraîné au dehors par les voix de l'erreur, et précipité dans l'abîme par le poids de mon orgueil. Alors *vous ne donniez pas à mon entendement la joie et l'allégresse ni ce tressaillement* intérieur dont parle votre prophète (2), et qui est réservé à celui dont *l'humilité a comme brisé les os* (3).

Et que me servait-il d'avoir, dès l'âge de vingt ans, compris seul à la première lecture les *dix catégories* d'Aristote, dont le nom enflait d'emphase les joues de

(1) *De Pulchro et Apto.* Cet ouvrage, que le jeune Augustin avait dédié à Hiérius, célèbre avocat de Rome, n'existait déjà plus au temps où furent composées les *Confessions*. « J'avais écrit sur la Beauté et la Convenance deux ou trois livres, je ne sais plus au juste... Ces livres, je ne les ai plus, ils ont disparu je ne sais comment. » *(Confess.* l. IV, c. 13.)

(2) Ps. L, 10.

(3) L. IV, c. 15.

mon professeur de rhétorique à Carthage, et que d'autres gens habiles signalaient à mes aspirations impatientes comme une chose sublime et toute divine ? J'en conférai depuis avec plusieurs qui avouaient n'avoir compris cet ouvrage qu'à grand'peine, aidés par des maîtres fort érudits dont l'enseignement oral était accompagné de nombreuses figures tracées sur le sable.

Que m'importait encore d'avoir lu et compris tout ce que j'avais trouvé de livres traitant des *arts libéraux*, moi criminel esclave des passions mauvaises ? Je me complaisais dans cette lecture, et j'ignorais d'où vient ce qu'il y a de vrai et de certain. Car je tournais le dos à la lumière, la face aux objets éclairés, et mes yeux qui les voyaient lumineux restaient dans l'ombre. Tout ce que j'ai compris, sans peine et sans maîtres, des règles de l'éloquence et de la dialectique, de la géométrie, de la musique et des nombres, vous le savez, Seigneur ; car la vivacité de l'intelligence, la pénétration de l'esprit, sont les dons de votre bonté. Mais, loin de vous les offrir en sacrifice, je les faisais tourner à ma perte ; je revendiquais cette bonne part de mon héritage ; ces forces que je vous devais, je ne les gardais point pour votre service, mais, nouveau prodigue, j'allais loin de vous, dans une terre étrangère, pour les sacrifier aux passions, ces prostituées. A quoi me servaient ces biens, dont j'usais si mal ? Je m'apercevais des difficultés que ces sciences offrent aux esprits les plus vifs et les plus appliqués, alors seulement que je m'efforçais de les leur exposer, et le plus intelligent de tous était celui qui se montrait le moins lent à suivre mes leçons.

Encore une fois, à quoi bon tout cela, Seigneur Dieu, Vérité suprême, que je considérais alors comme un corps lumineux et immense dont je me croyais un fragment! O excès de perversité! voilà ce que j'étais! Non, mon Dieu, je ne rougis pas de confesser devant vous vos miséricordes, et de vous invoquer, moi qui n'ai pas rougi de professer devant les hommes mes blasphèmes et d'aboyer contre vous.

Que me servait ce génie qui se jouait dans la variété des sciences, qui, sans le secours d'aucun maître, dénouait les nœuds des plus inextricables ouvrages, quand une honteuse et sacrilège ignorance m'entraînait loin de la science de la piété? Quel si grand mal était-ce à vos humbles petits enfants d'avoir un esprit bien plus lent, puisqu'ils ne se séparaient pas de vous, et qu'en sûreté, comme de faibles poussins dans le nid de votre Église, ils y laissaient grandir leurs ailes et s'y nourrissaient de l'aliment de la vraie foi?

Seigneur mon Dieu, *faites que nous espérions à l'ombre de vos ailes; protégez-nous, portez-nous* (1). Oh! oui, vous nous porterez tout petits et jusqu'à la vieillesse, car notre force, avec vous, est une vraie force, qui, si nous sommes seuls, dégénère en fai-

____

(1) Ps. xvi, 8. — Isaïe, xlvi, 4.

blesse. Tout notre bien vit en vous; nous éloigner de vous, c'est nous perdre. Que nous retournions donc à vous, Seigneur, pour ne pas périr, car c'est en vous que vit notre bien parfait, qui est vous-même. Craindrions-nous de ne pas retrouver au retour la demeure que nous avons quittée ? non; notre absence n'a pas détruit notre maison, qui est votre éternité (1).

(1) L. iv, c. 16.

CHAPITRE SIXIÈME

AMITIÉS HUMAINES.

Thagaste, où il était venu ouvrir une école, Augustin se fit de nombreux amis ; le plus cher de tous fut celui qu'une mort inopinée lui ravit à la fleur de l'âge, et qu'il aima, avec une tendresse passionnée, même au delà du tombeau. Il ne nous a pas dit son nom, mais il nous a révélé son âme, âme naturellement généreuse que le baptême transfigura aux approches de l'éternité.

La douleur d'Augustin fut extrême, et rien n'est plus touchant que la peinture qu'il nous en a laissée. Toutefois, dans le livre des Rétractations (1), revenant sur l'admirable récit qu'on va lire, Augustin en a fait la critique sévère que voici : « En confessant ma misère à propos de la mort d'un ami, j'ai dit que nos deux âmes n'en faisaient qu'une en quelque sorte, et j'ajoutais : C'est pourquoi je craignais peut-être

(1) L. II, c. 6.

de mourir, de peur que ne mourût tout entier celui
que j'avais tant aimé. — *Cela me paraît avoir
plutôt le ton léger d'une déclamation que
la gravité d'une confession, bien que
cette ineptie soit tempérée par le mot
peut-être* ». — *Tache légère
qui n'altère en rien l'incomparable beauté de ces
pages, que le cœur
a dictées au
génie.*

I.

Au temps où je commençai d'enseigner dans ma
ville natale, je trouvai un ami, cher compagnon
d'études, dont la jeunesse était, comme la mienne,
dans sa fleur. Ensemble nous avions grandi, nous
avions fréquenté l'école et joué ensemble. Mais
notre amitié n'était pas alors aussi forte qu'elle fut
depuis, bien que d'ailleurs elle n'ait jamais été véritable ; car la seule véritable amitié, ô mon Dieu,
est celle que cimente, entre ceux qui vous sont unis,
la *charité répandue en nous par le Saint-Esprit que
vous nous avez donné.* Pourtant elle m'était extrême-
ment douce, cette affection réchauffée au foyer des
mêmes études. J'avais détourné mon ami de la vraie
foi dont son jeune esprit ne gardait qu'une impression incomplète et imparfaite, et je l'avais entraîné
aux folles et funestes superstitions qui faisaient tant
pleurer ma mère. Nous avions mis en commun jusqu'à l'erreur, et mon âme ne pouvait vivre sans lui.
Et voilà que, déjà penché sur vos fugitifs qui vous
tournaient le dos, Dieu des vengeances, qui êtes aussi
la source des miséricordes et qui nous ramenez à
vous par d'admirables moyens, voilà que vous l'enle-
viez de ce monde, lorsqu'à peine depuis un an je

jouissais de son amitié, plus douce pour moi que toutes les douceurs de la vie !

Qui pourrait raconter vos bontés, Seigneur, ne parlât-il que de celles qu'il a éprouvées lui-même ?

Que fîtes-vous alors, et qu'il est impénétrable l'abîme de vos jugements ! Dévoré par la fièvre, mon ami gisait sans connaissance, inondé des sueurs de la mort. Comme on désespérait de lui, il fut baptisé à son insu ; je ne m'en inquiétai guère, convaincu que son âme garderait les sentiments que je lui avais inspirés plutôt que l'impression de ce baptême inconscient. Il en fut tout autrement ; il se trouva mieux, on le crut sauvé. Dès que je pus lui parler (ce fut possible dès qu'il put parler lui-même, car je ne le quittais pas, tant nous dépendions l'un de l'autre), je voulus plaisanter avec lui, m'imaginant qu'il rirait comme moi de ce baptême qu'il avait reçu privé de connaissance et de sentiment, mais qu'il savait cependant lui avoir été donné. Je lui fis horreur comme un ennemi, et aussitôt, avec une admirable liberté, il me commanda, si je voulais rester son ami, de cesser ce langage. Stupéfait et troublé, je contins tous les mouvements de mon cœur, attendant que la convalescence donnât à mon ami assez de forces pour me laisser agir avec lui comme je voulais. Mais il fut arraché à ma folie, pour être réservé dans votre sein à ma consolation. Peu de jours après, comme j'étais absent, la fièvre le reprit et l'enleva.

Mon cœur fut aveuglé par la douleur, partout je ne voyais que la mort. Mon pays m'était un supplice ;

la maison paternelle me rendait étrangement malheureux; tout ce que j'avais partagé avec lui me devenait sans lui un affreux tourment. Mes yeux le cherchaient de toutes parts, et je ne l'avais plus! Tout m'était odieux, parce que tout était vide de lui et que rien ne pouvait plus me dire : *Le voici qui vient !...* comme pendant sa vie quand il était absent.

J'étais devenu à moi-même un difficile problème, et j'interrogeais mon âme : *Pourquoi es-tu triste et pourquoi me troubles-tu ?* Elle ne trouvait rien à me répondre. Et si je lui disais : *Espère en Dieu*, elle n'obéissait pas, et c'était justice, car cet homme si cher qu'elle n'avait plus était plus véritable et meilleur que ce Dieu, fantôme des Manichéens, dans lequel je lui ordonnais de mettre son espérance. Rien ne m'était doux que les pleurs, seul charme qui succédât dans mon âme à l'ami perdu (1)!

II.

Et maintenant, Seigneur, tout cela est passé et le temps a calmé mon mal. Puis-je mettre l'oreille de mon cœur tout près de votre bouche et apprendre de vous, qui êtes la vérité, pourquoi les larmes sont

(1) L. iv, c. 4.

douces aux malheureux? — Quoique présent partout, repoussez-vous loin de vous nos misères, immuablement renfermé en vous-même, tandis que nous sommes ballottés au gré des événements?... Et cependant, si nos gémissements ne s'élevaient jusqu'à vos oreilles, il ne nous resterait plus d'espérance. — D'où vient donc que sur l'arbre amer de la vie on cueille ces doux fruits, plaintes, larmes, soupirs, regrets? Leur douceur est-elle dans l'espoir d'être exaucé par vous? Cela est vrai de la prière, qui a un but où elle désire parvenir. Mais quoi de semblable dans la désolation causée par cette perte cruelle, dans le deuil où j'étais enseveli? Je n'espérais pas le voir revivre, je ne le redemandais pas par mes larmes; je ne faisais autre chose que gémir et pleurer, parce que j'étais malheureux et que j'avais perdu ma joie.

Serait-ce que dans les larmes, chose amère, nous trouvons quelque charme par suite du dégoût et de l'horreur que nous éprouvons alors de tout ce qui nous était un plaisir (1)?

III.

Mais pourquoi parler de cela? Ce n'est pas le temps de vous poser des questions, mais de vous confesser mes fautes.

(1) L. IV, c. 5.

J'étais malheureux, comme est malheureux tout cœur enchaîné par l'amour des choses mortelles. Leur perte le déchire, et il sent alors la misère par laquelle il était déjà misérable avant de les avoir perdues.

Ainsi étais-je en ce temps-là; je pleurais amèrement et trouvais mon repos dans cette amertume. J'étais malheureux, et cette vie malheureuse m'était encore plus chère que mon ami. J'aurais bien voulu la changer, mais je n'aurais pas voulu la perdre, plutôt que de le perdre, lui. Et j'ignore si, même pour lui, j'eusse voulu la donner, comme l'histoire ou la fable le dit d'Oreste et de Pylade, qui souhaitaient mourir l'un pour l'autre ou tous deux à la fois, parce que ne pas vivre ensemble leur semblait pire que la mort.

Mais je ne sais quel sentiment tout différent s'élevait en moi; c'était, avec un profond dégoût de la vie, l'appréhension de la mort. Je crois que plus je l'aimais, plus la mort qui me l'avait enlevé me paraissait une ennemie cruelle, odieuse, redoutable; il me semblait qu'elle allait dévorer d'un coup tous les hommes, puisqu'elle avait pu le ravir.

C'est bien ainsi que j'étais, je m'en souviens.

Mon Dieu, voilà mon cœur, voyez-en le fond avec tous mes souvenirs, ô vous, mon espérance, qui me purifiez de la souillure de telles affections, dirigeant mes yeux jusqu'à vous, arrachant mes pieds de ces filets.

Je m'étonnais de voir vivre les autres mortels parce qu'il était mort, celui que j'avais aimé comme s'il n'eût pas dû mourir! Je m'étonnais surtout d'être vivant, moi qui étais un autre lui-même. Il a bien parlé de son ami, le poète qui l'appelait: *la moitié de son âme* (1); car pour moi j'ai senti que nos deux âmes n'en faisaient qu'une en deux corps; c'est pourquoi la vie m'était en horreur, parce que je ne voulais pas vivre à moitié; peut-être aussi craignais-je de mourir de peur que ne mourût tout entier celui que j'avais tant aimé (2).

IV.

QUELLE folie de ne pas savoir aimer les hommes comme des hommes! Homme insensé que j'étais alors, de souffrir immodérément d'une infortune humaine! Je m'agitais, je soupirais, je pleurais, l'esprit troublé, incapable de repos et de conseil.

Je portais une âme déchirée et saignante, qui s'impatientait d'être portée par moi, et je ne savais où la poser.

Ni les charmes des bois, ni les jeux, ni les chants, ni les bosquets odorants, ni les festins exquis, ni les plaisirs des sens, ni les livres et la poésie ne pouvaient la distraire. Tout m'était en horreur, jusqu'à la lumière. Tout ce qui n'était pas lui m'était odieux,

(1) Animæ dimidium meæ. (HORACE.)
(2) L. IV, c. 6.

insupportable, hormis les gémissements et les larmes qui seuls me donnaient quelque repos. Dès que mon âme s'y arrachait, j'étais accablé du poids de ma misère. Vous seul, ô mon Dieu, pouviez m'en décharger et m'en guérir. Je le savais, mais je manquais de volonté et de force, d'autant plus que vous n'étiez à ma pensée rien de solide et de certain. Mon Dieu, ce n'était pas vous, mais le vain fantôme de mon erreur. Si je tâchais d'y reposer mon âme, elle se laissait choir dans le vide et retombait sur moi. Ainsi j'étais à moi-même mon seul lieu, lieu malheureux où je ne pouvais demeurer et d'où je ne pouvais m'éloigner ; car comment mon cœur se fût-il retiré de mon cœur ? Comment me fuir moi-même ? Comment ne me pas poursuivre partout ?

Je quittai néanmoins mon pays, parce que mes yeux cherchaient moins mon ami là où ils n'étaient pas accoutumés à le voir ; de Thagaste je revins à Carthage (1).

. V.

Le temps fait son œuvre ; dans son cours il agit sur nos sens et produit dans notre esprit de merveilleux effets. Les jours succédaient aux jours ; leur

(1) L. IV, c. 7.

venue et leur fuite m'apportaient d'autres images et d'autres souvenirs et me faisaient peu à peu rentrer dans mes divertissements passés auxquels cédait ma douleur.

Ce qui prenait sa place c'étaient, sinon des douleurs nouvelles, du moins des semences d'afflictions pour l'avenir. Car pourquoi celle que j'éprouvais avait-elle si facilement et si profondément pénétré mon cœur ? N'était-ce pas que j'avais répandu mon âme sur le sable, aimant un mortel comme s'il n'avait pas dû mourir ?

Or ce qui me remit et me soulagea davantage, ce fut la conversation de mes autres amis avec qui j'aimais, ô mon Dieu, ce que j'aimais à votre place. Et ce que nous aimions n'était qu'une longue série de fables et de mensonges dont la corruption contagieuse passait par nos oreilles jusqu'à notre âme, et dont l'impression ne mourait pas en moi, quand bien même quelqu'un de mes amis cessait de vivre. Leur commerce affectueux me procurait encore d'autres jouissances : c'étaient les causeries enjouées, les gages de mutuelle bienveillance, la lecture en commun d'un livre agréablement écrit, les badinages, les prévenances réciproques, de rares dissentiments sans aigreur, tels qu'on peut en avoir avec soi-même, servant d'assaisonnement à l'habituelle concorde ; le plaisir d'être tour à tour maîtres et disciples les uns des autres, le vif regret des absents, la joie accueillant leur retour, enfin tous ces témoignages qui, des cœurs aimants et aimés, s'échappent par les lèvres,

par la langue, par les yeux, par mille autres gra-
cieuses démonstrations, et servent d'aliment au foyer
où plusieurs âmes se fondent pour n'en plus faire
qu'une (1).

VI.

C'EST là ce qu'on aime dans les amis, et ce qu'on
aime à ce point que la conscience humaine s'estime coupable de ne pas rendre affection pour affection, sans chercher autre chose que ces preuves de
mutuelle bienveillance. De là ce deuil à la mort d'un
ami, ces ténèbres de douleur, les douces jouissances
changées en amertume pour le cœur noyé de larmes,
et la perte de la vie en ceux qui meurent devenant la
mort de ceux qui restent en vie.

Seigneur, heureux celui qui vous aime et son ami
en vous, et son ennemi pour vous! Celui-là seul ne
perd aucun de ceux qui lui sont chers à qui tous sont
chers en celui qu'on ne perd jamais. Et quel est-il
sinon notre Dieu, le Dieu qui a fait le ciel et la terre,
et qui les remplit, parce qu'en les remplissant il les
a faits? Nul ne vous perd, Seigneur, que celui qui
vous abandonne, et où peut aller et s'enfuir celui qui
vous abandonne, sinon de vous favorable à vous

(1) L. IV, c. 8.

irrité ? Car où ne rencontre-t-il pas votre loi vengeresse pour le punir, votre loi qui est la vérité, comme
la vérité c'est vous-même (1) ?

VII.

Dᴵᴱᵁ *des vertus, convertissez-nous, montrez-nous
votre face, et nous serons sauvés* (2). Car de
quelque côté que se tourne l'âme de l'homme, hors
de vous elle ne se heurte qu'à la douleur, même en
se reposant dans ce qu'il y a de beau hors de vous et
hors d'elle-même.

Elles ne seraient rien si elles n'étaient pas de vous,
ces choses belles qui naissent et meurent. En nais-
sant elles commencent d'être, elles croissent pour
atteindre leur perfection, et de là elles défaillent dans
la vieillesse et la mort. Car tout vieillit et tout meurt
ici-bas. Ainsi, dès qu'elles sont nées, plus elles se
hâtent d'être, plus elles se précipitent vers le néant.
Telle est la condition de leur existence. Vous ne leur
avez donné que d'être les parties d'un tout où elles
ne coexistent pas à la fois, mais où leur passage et
leur succession produisent cet univers qu'elles com-
posent. Il en est d'elles comme du discours formé de
signes et de sons ; il n'est complet que si chaque mot,

(1) L. ɪᴠ, c. 8
(2) Ps. ʟxxɪx, 4.

son office rempli, cède la place à celui qui doit suivre.

Que mon âme vous loue de toutes ces choses, ô Dieu, créateur universel! Mais qu'elle ne reste pas prise à la glu de l'amour sensible. Car, comme ces créatures ne font que passer et courent au néant, elles déchirent de regrets cruels l'âme avide d'être et de se reposer dans ce qu'elle aime. Là, nulle stabilité; tout fuit, et même quand ces choses éphémères sont présentes, nos sens ne peuvent ni les suivre ni les atteindre dans leur course. Car nos sens sont grossiers, parce qu'ils servent au corps et sont proportionnés à sa nature. Ils suffisent à leur fin, mais ils sont impuissants à retenir les choses qui se précipitent de leur point de départ à leur terme. C'est votre Verbe qui dit à ce qu'il a créé : *Va d'ici jusque-là* (1).

VIII.

O mon âme, ne te laisse pas aller à tes vanités et que leur tumulte n'assourdisse pas ton oreille. Écoute, toi aussi : le Verbe te crie de revenir; en lui est le lieu du repos inaltérable, parce qu'en lui l'amour ne subit jamais d'abandon, à moins qu'il n'abandonne lui-même ce qu'il aime.

(1) L. iv, c. 10.

Les créatures passent pour faire place à d'autres, et de tous ces éléments successifs se forme ce monde inférieur. *Et moi, est-ce que je passe?* dit le Verbe de Dieu. Fixe donc là ta demeure; mets-y en dépôt les dons que tu en as reçus, maintenant du moins que tu es lasse de mensonges. Confie à la Vérité tout ce que tu dois à la Vérité, et tu ne perdras rien. Tes plaies seront fermées, tes langueurs guéries; ce qui est en toi sujet au changement sera réformé, renouvelé, raffermi, et au lieu de t'entraîner en bas, vers le néant, tout ton être restera immuablement fixé en Dieu, la stabilité éternelle.

Pourquoi te corrompre en suivant les inclinations de la chair? N'est-ce pas plutôt à elle à se retourner pour te suivre?... Celui qui a fait les créatures est infiniment meilleur qu'elles, et il est notre Dieu. Lui ne passe pas; rien ne saurait lui succéder. Que si les choses corporelles te plaisent, prends-en sujet de louer Dieu et reporte ton amour vers leur Ouvrier, de peur qu'en te plaisant dans ses œuvres, tu ne lui déplaises à lui-même (1).

Que si les âmes te plaisent, aime-les en Dieu; changeantes par elles-mêmes, elles sont immuables en lui; sans lui, elles iraient au néant. Aime-les donc en Dieu, entraîne vers lui toutes celles que tu pourras et dis-leur : *Aimons-le! Aimons-le!* Il a tout fait, et il n'est pas loin de nous. Car il ne s'est pas retiré de ce qu'il a créé; tout ce qui vient de lui subsiste en lui.

(1) L. IV, c. 11.

Où est-il? Là où l'on goûte la vérité, — dans le plus intime du cœur. Mais le cœur s'est éloigné de Lui! — Pécheurs, revenez à votre cœur, unissez-vous à Celui qui vous a faits. Attachez-vous à Lui, et vous serez inébranlables; reposez-vous en Lui, et vous aurez la paix. Pourquoi vous jeter dans ces rudes sentiers? Où allez-vous? Le bien que vous aimez vient de Dieu; il n'a de suavité qu'autant que vous l'aimez pour lui, et il se tourne justement en amertume quand vous avez l'injustice de l'aimer aux dépens de son auteur. Jusqu'où irez-vous dans ces voies laborieuses et difficiles? Le repos n'est pas où vous le cherchez. *Cherchez ce que vous cherchez;* mais ici, votre recherche s'égare. Vous cherchez la vie heureuse dans la région de la mort; elle n'est pas là. Comment trouver la vie heureuse où l'on ne trouve même pas la vie?

Celui qui est notre vraie Vie est descendu ici-bas; il a souffert notre mort et l'a tuée par l'abondance de sa vie. Et sa voix, retentissant comme un tonnerre, nous a crié de revenir d'ici vers Lui, vers le sanctuaire de la Divinité d'où il est venu vers nous, quand, descendu dans le sein virginal où il a épousé la nature humaine, la chair mortelle qu'il voulait rendre immortelle, *il est sorti comme l'époux de sa couche nuptiale, s'élançant comme un géant pour fournir sa carrière* (1). Car il ne s'est point arrêté, il a couru, nous criant par ses paroles, par ses actions,

(1) Ps. xviii, 6.

par sa mort, par sa vie, par sa descente aux enfers, par son ascension, nous criant de revenir à Lui. Il a disparu à nos yeux pour que, rentrant dans notre cœur, nous l'y retrouvions. Il s'est en allé, et néanmoins il est ici. Il n'a pas voulu demeurer plus longtemps avec nous, et il ne nous a pas quittés, puisqu'il est retourné d'où il n'était jamais sorti. Car *le monde a été fait par Lui, et il était dans ce monde, dans ce monde où il est venu pour sauver les pécheurs* (1).

C'est à lui que mon âme confesse ses misères, et il l'a guérie des péchés commis contre Lui. *Fils des hommes, jusques à quand aurez-vous le cœur appesanti* (2)? Quoi! la Vie est descendue vers vous, et vous ne voulez pas monter vers elle et vivre? Hélas! où montez-vous, quand vous vous exaltez dans votre orgueil et que vous portez votre front jusqu'aux cieux? Descendez pour monter et pour monter vers Dieu; car en vous élevant contre Lui, vous vous êtes précipités.

Dis-leur cela, ô mon âme, afin qu'ils pleurent dans cette vallée de larmes. Entraîne-les ainsi avec toi vers Dieu, car c'est de son Esprit que viennent tes paroles, si elles sont brûlantes de charité (3).

(1) Joan. 1, 10;—I. Tim. 1, 15.
(2) Ps. iv, 3.
(3) L. iv, c. 12.

CHAPITRE SEPTIÈME

IEN que le jeune Augustin fût devenu le docile disciple des Manichéens et l'apôtre ȥélé de leurs doctrines, cependant il ne laissait pas de concevoir bien des doutes et d'éprouver une invincible répugnance à s'engager tout à fait dans la secte. Nous avons vu qu'il ne consentit jamais à recevoir l'initiation des grades supérieurs, se contentant du rang d'auditeur ou de catéchumène. Aux difficultés qu'il proposait, les Élus ne faisaient que des réponses obscures et évasives.

« Ils agissaient envers nous, dit saint Augustin (1), comme ces astucieux oiseleurs qui tendent aux bords de l'eau leurs pièges enduits de glu, pour tromper les oiseaux altérés. Ils les pourchassent, les effraient et les forcent de se jeter dans leurs lacs, non de plein gré, mais par nécessité. » Augustin avait soif de la vérité. Les Manichéens, après l'avoir détourné, par

---

(1) *De utilitate credendi*, c. 1, n. 2.

leurs mensonges et leurs calomnies, des sources pures de la foi catholique, l'avaient entraîné à leurs erreurs, sans calmer l'inquiétude de son âme.

Dieu permit qu'à plusieurs reprises le jeune adepte surprît les prétendus saints en flagrant délit d'immoralité (1). Il eut aussi l'occasion d'entendre à Carthage, dans des conférences publiques, la réfutation victorieuse de leurs absurdes théories (2). Son ami Nebridius, par ses subtiles objections, les avait mis, en sa présence, dans un extrême embarras (3). Impuissants à défendre eux-mêmes leur doctrine, les Manichéens en étaient réduits à promettre l'arrivée prochaine d'un docteur fameux, leur oracle, qui d'un mot résoudrait aisément toutes les difficultés d'Augustin.

Ce docteur s'appelait Faustus. Né à Milevum, en Numidie, d'une famille pauvre et obscure, il avait embrassé la secte des Manichéens qui le regardaient comme leur évêque. Il affectait un grand détachement de toute chose, une extrême austérité de vie. Mais il n'avait pu dissimuler à tous les yeux sa délicatesse et son amour pour la bonne chère. On savait qu'il couchait sur la plume, qu'il portait sous son vêtement grossier les plus fins tissus (4).

Sa science n'était pas plus vraie que sa vertu. Mais il avait la parole facile et agréable, l'humeur aimable et

(1) *De moribus Manichæorum*, c. XVIII, n. 68, 71.
(2) *Contra Faustum*, lib. V, c. 5.
(3) *Confess.* lib. VII, c. 2.
(4) *Contra Faust.* lib. V, c. 1, 5, 7, 8.

enjouée, le visage gracieux, l'abord avenant.
C'est par là qu'il exerçait une séduction presque irrésistible, et devenait pour les catholiques eux-mêmes le grand piège
de Satan : magnus diaboli laqueus. — Augustin allait
devoir en partie sa dé-
livrance à celui qui
en avait perdu
tant d'au-
tres (1).

(1) Ille Faustus, qui multis laqueus mortis exstitit, meum laqueum quo captus eram relaxare jam ceperat, nec volens, nec sciens. (*Conf.* lib. v, c. 7.)

I.

Je parlerai maintenant en présence de mon Dieu de la vingt-neuvième année de mon âge (1). Il y avait alors à Carthage un évêque manichéen, nommé Faustus; c'était le grand piège du démon où plusieurs se laissaient prendre à l'appât de l'éloquence. Tout en la louant, je savais néanmoins la distinguer des vérités que j'étais avide d'apprendre, et je regardais moins au vase d'or de la parole qu'aux mets de la doctrine que ce fameux Faustus me servait, car la renommée me l'avait annoncé comme très habile dans toutes les sciences et très versé dans les arts libéraux.

Comme j'avais lu bon nombre de philosophes et retenu leurs préceptes, j'en comparais quelques-uns avec les longues rêveries des Manichéens, et je trouvais plus de probabilité aux sentiments de ces sages qui ont su pénétrer les secrets de la nature, bien qu'ils n'en aient pas découvert le Maître. *Car vous êtes grand, Seigneur; vous regardez avec amour les humbles; quant aux superbes, vous les tenez éloignés de vous* (2); vous ne vous approchez que des cœurs

(1) L'an de Notre-Seigneur 383.
(2) Ps. CLXVI, 5.

contrits; vous ne vous laissez pas découvrir par les orgueilleux, quand bien même leur vaine et curieuse science saurait compter les étoiles et les grains de sable, mesurer les plages des cieux et suivre la route des astres.

C'est à l'aide de l'intelligence, du génie que vous leur avez donnés qu'ils cherchent ces secrets; ils ont marqué le jour, l'heure, le degré, et les effets ont suivi leurs prédictions. Ils ont même tracé des règles qu'on lit encore aujourd'hui et au moyen desquelles on prévoit l'année, le mois de l'année, le jour du mois, l'heure du jour où l'éclipse du soleil ou de la lune doit avoir lieu, si elle sera partielle ou totale; et ce qui est ainsi prévu se réalise.

Les hommes admirent; les ignorants s'étonnent; les savants se glorifient et s'élèvent, et dans un orgueil impie s'éloignant de votre lumière, eux qui prévoient de si loin l'éclipse du soleil, ne voient pas celle qu'ils subissent à l'heure même.

C'est qu'ils ne recherchent pas avec une religieuse ardeur d'où leur vient le génie des découvertes. S'ils reconnaissent que vous les avez créés, ils ne se donnent pas à vous pour que vous conserviez ce que vous avez fait en eux, et qu'ils y détruisent ce qu'ils ont fait eux-mêmes. Ils ne vous immolent pas les oiseaux du ciel, c'est-à-dire l'orgueil de leurs pensées, — ni les poissons de la mer, c'est-à-dire les curiosités de leur esprit, — ni les bêtes des champs, c'est-à-dire les convoitises de la chair, afin que vous, ô mon Dieu, qui êtes un feu dévorant, vous consumiez toutes leurs préoccupations mortelles, les rendant par une création nouvelle à l'immortelle vie.

II.

MAIS ils ignorent celui qui est la voie, votre Verbe par lequel vous avez fait tout ce qui sert de matière à leurs calculs, et les calculateurs eux-mêmes, et les sens qui perçoivent les objets qu'ils dénombrent, et l'esprit qui les rend capables de ce dénombrement. Quant à votre Sagesse, elle est sans nombre et sans mesure, et c'est elle, votre Fils unique, qui s'est faite *notre sagesse*, à nous, *notre justice et notre justification* (1), qui s'est incarnée, vivant parmi les hommes et payant le tribut à César.

Ils ignorent cette voie par laquelle on descend de sa propre hauteur pour monter, par Jésus, jusqu'à Jésus. Ils ignorent cette voie; se croyant élevés et resplendissants comme les astres, voici qu'ils ont été précipités à terre, et *les ténèbres ont obscurci leur cœur insensé* (2).

Souvent ils disent vrai en parlant des créatures, mais n'ayant pas pieusement cherché la Vérité, qui en est l'ouvrier, ils ne la trouvent point; ou s'ils la

(1) I. Cor. 1, 30.
(2) Rom. 1, 21.

trouvent, *la reconnaissant pour Dieu, ils ne l'honorent pas comme Dieu, ils ne lui rendent pas grâces; mais ils s'évanouissent dans leurs pensées ; et comme ils se vantent d'être sages et s'attribuent ce qui vient de vous*, ô mon Dieu, ils s'efforcent, par un aveuglement criminel, de vous attribuer ce qui vient d'eux; ils vous chargent de leurs mensonges, vous qui êtes la vérité; *ils transforment la gloire du Dieu incorruptible en la ressemblance et l'image de l'homme corruptible, en celle des oiseaux, des quadrupèdes, des serpents;* ils changent votre vérité en mensonge, et rendent à la créature l'hommage d'adoration et de service dû au Créateur (1).

Ces hommes néanmoins m'avaient appris beaucoup de vérités naturelles dont je me rendais compte par la supputation et l'ordre du temps, par les visibles témoignages des astres. Comparant ces observations avec les discours de Manès qui a écrit sur ce sujet de longues extravagances, je ne trouvais point dans ces fables les raisons des solstices, des équinoxes et des éclipses, ni de tout le reste que les livres de science profane m'avaient révélé. On m'obligeait néanmoins de croire à des affirmations absolument contraires aux données mathématiques et aux dépositions de mes yeux (2).

(1) Rom. i, 21, 25.
(2) L, v, c. 3,

III.

Seigneur, Dieu de vérité, savoir ces choses, est-ce assez pour vous plaire ? Ah! malheureux qui connaît tout cela, s'il vous ignore! Heureux qui ignore tout cela, s'il vous connaît! Quelqu'un à la connaissance qu'il a de vous joint-il cette science, il n'en est pas plus heureux; tout son bonheur vient de vous seul, si, vous connaissant, il vous glorifie, vous rend grâces et ne s'évanouit pas dans ses pensées.

Mieux vaut être le maître d'un arbre et vous rendre grâce de ses fruits, sans connaître la hauteur de la tige et l'étendue des branches, que d'en savoir les dimensions, d'en compter tous les rameaux sans le posséder et sans en connaître et aimer le créateur. Ainsi le fidèle a l'univers pour trésor; n'ayant rien en apparence, il possède tout en s'attachant à vous, Seigneur de toutes choses. Ignorât-il la marche de l'étoile polaire, il est bien plus heureux que cet arpenteur du ciel, ce calculateur des astres, ce peseur des éléments, qui vous néglige, vous qui disposez tout avec poids, nombre et mesure. En douter serait folie (1)!

(1) L. v, c. 4.

IV.

Pendant les neuf années environ où mon esprit volage se fit le disciple des Manichéens, j'attendais avec une extrême impatience l'arrivée de Faustus. Ceux de sa secte, que j'avais rencontrés jusqu'alors, tous incapables de répondre à mes objections, me promettaient que, dès sa venue et dès son premier entretien, il dénouerait toutes ces difficultés et de plus graves encore, si j'avais à lui en proposer.

Il vint enfin; je trouvai un homme à l'humeur douce, à la parole aimable, qui gazouillait avec beaucoup plus d'agrément leur refrain accoutumé. Mais qu'importait à ma soif la bonne grâce d'un échanson qui n'avait à m'offrir qu'une coupe précieuse? Mon oreille était déjà rassasiée de tels discours; je ne les trouvais pas meilleurs pour être mieux dits, ni plus vrais pour être éloquents. Je ne le tins pas pour un sage, par cela seul que son aspect était grave et sa parole polie. Ceux qui me l'avaient vanté étaient de mauvais juges; ils l'estimaient prudent, parce qu'un mot de lui les charmait.

J'ai connu des hommes à qui la vérité est suspecte et qui refusent d'y acquiescer, quand elle leur est proposée en un langage recherché et abondant. Mais vous m'aviez déjà enseigné, mon Dieu, par des voies secrètes et admirables, — et je crois que cet enseignement vient de vous, puisqu'il est véritable, et que nul autre que vous n'est le docteur de la vérité, où qu'elle descende et d'où qu'elle vienne, — vous m'aviez enseigné qu'on ne doit pas croire qu'une chose est vraie parce qu'elle est dite avec éloquence, ni qu'elle est fausse parce que l'expression en est incorrecte; d'autre part qu'elle n'est pas vraie parce qu'elle est mal énoncée, ni fausse pour être revêtue de l'éclat du discours; mais qu'il en est de la sagesse et de la folie comme des mets salubres ou nuisibles : l'une et l'autre peuvent nous être présentées sous une forme élégante ou grossière, comme en des vases d'or ou d'argile.

V.

LA grande envie que j'avais eue de connaître Faustus trouva donc quelque satisfaction dans le mouvement et le pathétique de ses discours, dans la facilité qu'il avait à revêtir ses pensées des termes les plus naturels et les plus convenables. Je me plaisais, comme la plupart des autres, à l'entendre, et plus que personne je le louais et l'exaltais; mais je souffrais avec impatience que la foule ne me laissât pas lui proposer mes doutes, lui communiquer mes perplexités dans l'intimité d'une conférence familière.

Enfin, j'en trouvai l'occasion ; seul avec mes amis, j'obtins de lui un entretien en temps et lieu convenables. Mais, lui ayant fait part de quelques objections qui m'embarrassaient, je m'aperçus aussitôt qu'étranger à toutes les sciences, il ne savait que la grammaire, dont il n'avait qu'une connaissance fort commune. Il avait lu quelques discours de Cicéron, fort peu de Sénèque, quelque chose des poètes, ce qu'il avait trouvé dans les écrivains de sa secte de plus élégamment écrit en latin ; d'autre part, il s'exerçait continuellement à parler, et de là cette facilité d'élocution qu'une grande présence d'esprit et je ne sais quelle grâce naturelle rendaient fort agréable et très séduisante.

Mon souvenir n'est-il pas fidèle, Seigneur mon Dieu, arbitre de ma conscience ? Mon cœur et ma mémoire sont à nu devant vous qui me conduisiez dès lors par les sentiers mystérieux de votre Providence, et me mettiez sous les yeux la difformité de mes erreurs, pour que leur vue m'en inspirât la haine.

VI.

Dès que je m'aperçus que Faustus n'était nullement versé dans les sciences où j'avais cru qu'il excellait, je commençai à désespérer de pouvoir par son moyen éclaircir et résoudre les problèmes qui me tourmentaient. Il aurait pu en ignorer la solution, et n'en pas moins garder la doctrine de la véritable piété, s'il n'avait pas été Manichéen. Mais les livres de cette secte sont remplis de fables interminables sur le ciel, les astres, le soleil et la lune; et les ayant comparés aux calculs mathématiques que j'avais lus ailleurs, pour juger si les raisonnements des Manichéens valaient mieux ou du moins tout autant, je n'espérais plus de Faustus aucune explication satisfaisante.

Je soumis néanmoins la question à son examen; mais il refusa modestement de se charger du fardeau. Il connaissait son ignorance et ne rougit pas de me l'avouer. Il n'était pas de ces parleurs dont j'ai eu maintes fois à souffrir, qui s'efforçaient de m'instruire et ne disaient rien. Faustus avait du sens, trop peu pour ne pas manquer envers vous de rectitude, ô mon Dieu, assez pour ne pas s'aveugler sur lui-même. Il n'ignorait pas tellement son ignorance, qu'il voulût s'engager témérairement dans une dispute sans issue. Je l'en estimai davantage. Ce modeste aveu était plus beau que la science que je poursuivais.

Je le trouvai tel en face de toutes les questions difficiles et subtiles que je lui proposai.

Ainsi se ralentit mon zèle pour la doctrine des Manichéens. L'insuffisance du plus renommé de leurs docteurs me fit désespérer de tous les autres; dès lors, je me contentai de m'entretenir avec Faustus des belles-lettres qu'il aimait ardemment et que moi-même, alors rhéteur à Carthage, j'enseignais à des jeunes gens. Je lisais avec lui ce qu'il désirait le plus entendre et ce que j'estimais plus conforme à sa tournure d'esprit.

Mais, dès que je l'eus connu, je cessai tout effort pour m'avancer dans cette secte, non pas au point de m'en séparer tout à fait; ne voyant rien encore de meilleur, je résolus de rester là où je m'étais jeté à l'aveugle, en attendant que je visse clair à un meilleur choix.

Ainsi ce Faustus, qui avait été pour tant d'autres un piège de mort, avait déjà, sans le vouloir ni le savoir, commencé à me dégager de celui où j'étais pris. C'est que vos mains, ô mon Dieu, dans le secret de votre Providence, n'abandonnaient pas mon âme, et que ma mère vous offrait jour et nuit en sacrifice ses larmes, ce sang de son cœur. Voilà comment vous m'avez traité, ô mon Dieu. Car *c'est le Seigneur qui dirige les pas de l'homme et lui fait vouloir son chemin* (1). Et qui peut nous sauver, sinon la main toute-puissante qui refait l'œuvre qu'elle a faite (2)?

(1) Ps. xxxvi, 23.
(2) L. v, c. 7.

CHAPITRE HUITIÈME

FUITE DE L'ENFANT PRODIGUE.

ÉSENCHANTÉ de l'erreur qui l'avait séduit, pas encore assez néanmoins pour rompre entièrement avec elle, Augustin remit à plus tard la solution des graves problèmes que Faustus n'avait pu éclaircir, et se livra tout entier à l'enseignement de la rhétorique.

Mais Carthage offrait à son ambition un trop modeste théâtre. Il résolut d'aller à Rome, où ses amis lui présageaient de brillants succès, et où il espérait trouver des élèves moins turbulents et plus studieux.

Comment Monique fut-elle avertie du projet de son fils ? Reçut-elle une lettre d'Augustin(1), ou bien son cœur maternel eut-il le pressentiment du départ ? Toujours est-il, qu'au moment où l'enfant prodigue méditait sa fuite, Monique se trouva près de lui, le suppliant de rester, ou du moins de l'emmener elle-même.

Non seulement le jeune homme ne céda pas à ces instances touchantes, mais, trompant sa mère par un mensonge, il partit à la dérobée durant la nuit.

(1) « Augustin *écrivait à sa mère* qu'il venait de se décider à quitter Carthage »... (*Histoire de sainte Monique*, par M. l'abbé Bougault, ch. 8.) Ce ne peut être qu'une simple conjecture.

Cet abandon d'une mère si tendre étonnerait de la part d'Augustin, si l'on ne savait tout ce que la passion mêle de dureté aux nobles instincts d'un cœur naturellement généreux.

Dieu poursuivit le fugitif et le frappa, dès l'arrivée, du « fouet de la maladie ». A peine convalescent, il réunit quelques disciples qui bientôt lui furent plus à charge que ceux qu'il avait quittés.

Rome lui devenait insupportable ; doutant de Dieu, des hommes et de lui-même, il ne se trouvait bien nulle part. Ce cruel malaise, dans le dessein de la divine Bonté, était bien moins un châtiment qu'un remède nécessaire.

I.

CE fut, ô mon Dieu, par une disposition de votre Providence, que je me laissai persuader d'aller à Rome pour y donner les leçons que je donnais à Carthage. Quel motif m'y détermina ? Je n'omettrai pas de vous le confesser, parce qu'en cela même les profonds desseins de votre sagesse et de votre miséricorde, toujours attentive, sont dignes de méditation et de louange.

Ce qui décida mon départ, ce ne fut point l'espoir dont me berçaient mes amis, d'acquérir à Rome plus d'argent et plus d'honneurs, quoique cette considération fît alors impression sur mon esprit. La principale et à peu près l'unique raison, c'est que j'avais ouï dire que les jeunes gens s'y livrent plus paisiblement à l'étude, qu'une discipline plus exacte les maintient dans l'ordre et leur interdit d'envahir en bandes tumultueuses d'autres classes que la leur, ou même d'y pénétrer sans l'autorisation du maître.

A Carthage, au contraire, rien n'égale la honteuse et brutale licence des étudiants. Ils forcent impudemment l'entrée ; avec une effronterie qui tient de la fureur, ils troublent l'ordre que chaque maître a établi dans l'intérêt de ses élèves. Leur étrange sottise leur fait commettre mille insolences que la loi devrait punir, si elles n'étaient pas autorisées par l'usage.

D'autant plus malheureux qu'ils ont licence de faire ce qui devant votre Loi éternelle sera toujours illicite, qu'ils s'imaginent agir impunément, quand ils sont déjà punis par l'aveuglement qui les pousse, et qu'ils souffrent des maux incomparablement plus grands que ceux qu'ils font souffrir.

Ainsi, ces habitudes perverses dont, encore étudiant, je n'avais pas voulu pour moi-même, maître, j'étais contraint de les souffrir chez les autres. De là mon désir d'aller où, au témoignage des gens bien informés, il ne se passait rien de semblable.

Mais vous, ô mon Dieu, *mon espérance et mon héritage dans la terre des vivants* (1), voulant, par un changement de lieu changer mon âme, vous me poussiez de l'aiguillon loin de Carthage, et vous prêtiez des charmes à Rome pour m'y amener. Vous usiez, dans ce double but, de l'entremise d'hommes également amis des choses de la terre, dont les uns faisaient des actions folles, les autres des promesses vaines, et, par une conduite secrète, vous vous serviez de leur dérèglement et du mien pour redresser mes pas.

Ceux qui troublaient mon repos étaient aveuglés par une fureur méprisable, et ceux qui me poussaient ailleurs n'avaient qu'une sagesse terrestre. Et moi, qui fuyais ici une misère réelle, je cherchais là-bas une fausse félicité !

(1) Ps. xlvi, 6.

Pourquoi je quittais Carthage et pourquoi j'allais à Rome, vous le saviez, Seigneur, mais vous le laissiez ignorer et à moi et à ma mère, que mon départ plongea dans un affreuse douleur et qui me suivit jusqu'au rivage. Je la trompai, alors qu'elle me tenait étroitement embrassé, soit pour m'empêcher de partir, soit pour s'en aller avec moi. Je l'assurai que je voulais seulement rester avec un ami jusqu'à ce que le vent lui permît de faire voile. Oui, par un mensonge, je trompai ma mère, et quelle mère! et je m'enfuis. Ce péché, mon Dieu, vous me l'avez miséricordieusement remis, puisque, me sauvant des flots de la mer, tout plein que j'étais de hideuses souillures, vous m'avez conduit jusqu'aux eaux de votre grâce qui devaient, en me purifiant, tarir les ruisseaux de larmes que, chaque jour, ma mère répandait pour moi.

Comme elle refusait de s'en retourner seule, je lui persuadai, non sans peine, de passer la nuit dans un sanctuaire peu éloigné du rivage et consacré à la mémoire du bienheureux Cyprien (1). Cette nuit même, je partis à la dérobée, tandis qu'elle continuait à prier, à pleurer.

Et que vous demandait-elle, mon Dieu, avec tant de larmes, sinon de ne point me laisser partir ? Mais vous, dans la profondeur de vos desseins, exauçant le premier de tous ses vœux, vous n'aviez point

(1) Saint Cyprien, évêque de Carthage, souffrit le martyre **en 258.**

égard à ce qu'elle demandait alors pour opérer en moi ce qu'elle ne cessait de demander.

Le vent s'éleva, il enfla la voile, et à nos yeux disparut ce rivage où, dès le matin, ma mère, folle de douleur, faisait retentir à vos oreilles des plaintes, des gémissements auxquels vous sembliez insensible. Vous laissiez mes passions m'entraîner là même où devaient succomber mes passions, et la juste douleur de ma mère châtier des regrets trop charnels. Car elle aimait à m'avoir auprès d'elle, comme toutes les mères et bien plus encore, et elle ignorait la joie que vous alliez lui procurer par mon absence. Elle l'ignorait; aussi s'abandonnait-elle aux pleurs, aux sanglots; par l'excès de son tourment, elle révélait ce qu'il y avait encore en elle d'une fille d'Ève, cherchant avec douleur ce qu'elle avait enfanté dans la douleur.

Cependant, après m'avoir accusé de perfidie et de cruauté, elle se remit à prier pour moi; puis elle retourna à ses devoirs accoutumés, pendant que je naviguais vers Rome (1).

II.

Mais là vint me frapper la verge de la maladie; je m'acheminais à l'enfer, chargé du lourd fardeau des nombreuses iniquités que j'avais commises contre

(1) Lib. v, c. 8.

vous, contre moi-même, contre les autres, sans compter la faute originelle *qui nous fait tous mourir en Adam* (1). Car vous ne m'aviez remis encore aucune d'elles par les mérites de Jésus-Christ ; je n'avais pas encore été *délivré par sa croix de votre inimitié* (2) méritée pour mes crimes. Et comment, en effet, pouvait-elle me sauver, cette croix, que je croyais alors celle d'un fantôme (3) ? Hélas ! autant la mort de Jésus fait homme me semblait fausse, autant celle de mon âme était réelle ; autant était vraie la mort de mon Dieu, autant était fausse la vie de mon âme qui n'y croyait pas.

Cependant la fièvre redoublait, la vie m'abandonnait, j'allais périr ! car, en quittant alors ce monde, où pouvais-je tomber, sinon dans le feu et les tourments mérités par mes crimes, selon l'ordre de votre infaillible justice ?

Voilà ce que ma mère ignorait ; et cependant, absente, elle priait pour moi. Vous, mon Dieu, partout présent, vous étiez auprès d'elle pour l'exaucer, auprès de moi pour me prendre en pitié et me rendre la santé du corps, bien que mon cœur sacrilège fût encore bien malade. Car, dans un si grand danger, je ne souhaitais pas le baptême. J'étais meilleur, enfant, quand je le demandais à la piété de ma mère, ainsi que je l'ai déjà raconté. J'avais donc grandi pour

(1) *Epître de saint Paul aux Corinthiens,* **xv,** 22.
(2) *Epître aux Ephésiens,* **ii,** 14.
(3) Les Manichéens défiguraient la vraie notion de Jésus-Christ, et en faisaient ainsi un être imaginaire.

ma honte, et dans ma folie, je me moquais de vos remèdes salutaires, ô médecin céleste qui ne m'avez pas laissé mourir de cette double mort.

Si un pareil coup eût frappé le cœur de ma mère, rien n'aurait pu l'en guérir.

Non, je ne saurais assez dire quel amour elle me portait, et combien les angoisses de mon enfantement à la grâce lui furent plus cruelles que celles qu'elle avait ressenties pour me mettre au monde. Aussi, je ne vois pas comment elle eût pu guérir, si ma mort en ce moment eût transpercé les entrailles de sa tendresse. Et où seraient allées ses prières si ferventes, si continuelles ? Où donc, mon Dieu, sinon vers vous ? Et vous, Dieu des miséricordes, pouviez-vous mépriser le cœur contrit et humilié d'une veuve chaste et mortifiée, prodigue d'aumônes, honorant et servant vos saints, fidèle chaque jour à l'oblation de l'autel, venant matin et soir dans votre église, non pour nouer de frivoles entretiens avec des femmes, mais pour écouter votre parole et vous faire entendre ses prières ?

Mon Dieu ! ces larmes qui imploraient de vous, non pas de l'or, de l'argent, ou quelque autre bien fragile et éphémère, mais uniquement le salut d'un fils, les pouviez-vous mépriser ? Ma mère ne devait-elle pas obtenir de vous quelque assistance, de vous qui l'aviez faite, par votre grâce, ce qu'elle était ?

Seigneur, vous étiez auprès d'elle, l'écoutant et disposant toute chose selon l'ordre que vous aviez déterminé. Non ! vous ne la trompiez point dans ces visions, dans ces réponses que vous lui aviez accordées et dont j'ai cité quelques-unes.

Elle les gardait précieusement au fond de son cœur, et sans cesse dans ses prières elle vous les présentait comme un engagement signé de vous. Car vous daignez, tant votre miséricorde est inépuisable, vous constituer, par vos promesses, le débiteur de ceux à qui vous remettez tout ce qu'ils vous doivent (1).

III.

Votre bonté, ô mon Dieu, me fit donc renaître de cette maladie, vous contentant pour l'heure de rendre au fils de votre servante la santé du corps, afin d'avoir à qui procurer plus tard une guérison meilleure et plus sûre.

J'entretenais alors des liaisons à Rome avec ces *saints* trompés et trompeurs (2), non seulement avec leurs auditeurs, parmi lesquels se trouvait l'hôte chez qui j'avais passé le temps de ma maladie et de ma convalescence, mais aussi avec ceux qu'ils appellent les *Élus*. J'étais encore imbu de cette opinion, que ce n'est pas nous qui péchons, mais je ne sais quelle nature étrangère qui réside en nous. Mon

(1) L. v, c. 9.
(2) Les Manichéens.

orgueil se complaisait dans cette pensée que j'étais à l'abri du mal, et quand je commettais quelque faute, au lieu de m'en accuser, pour obtenir de vous la guérison de mon âme qui vous offensait, j'aimais à m'en excuser et à la rejeter sur je ne sais quel être imaginaire qui était en moi, mais qui n'était pas moi : en réalité, tout cela c'était moi-même; seule mon impiété me divisait ainsi en deux parts. Et c'était là mon péché le plus incurable, de ne me point croire pécheur; dans l'excès de mon iniquité, ô Dieu tout-puissant, j'aimais mieux vous croire vaincu en moi pour ma perte que de me laisser vaincre par vous pour mon salut. Vous n'aviez pas *encore mis une garde à ma bouche et une porte de sûreté à mes lèvres, pour empêcher mon cœur de se répandre en des paroles de malice et de chercher des excuses à mes fautes, comme font les ouvriers d'iniquité* (1).

Voilà pourquoi je fréquentais encore les *Elus*.

Toutefois, désespérant de tirer quelque profit de cette doctrine erronée, je ne l'étudiais plus avec le même zèle et la même ardeur, résolu que j'étais à ne m'en contenter qu'autant que je ne trouverais rien de mieux. Car la pensée me vint alors que ceux qu'on nomme les Académiciens étaient les plus sages des philosophes, parce qu'ils s'étaient fait une loi de douter de tout, et qu'ils refusaient à l'homme la faculté de parvenir au vrai. Telle me paraissait être leur opinion, et je partageais à cet égard l'erreur du

(1) Psaume cxl, 4, 5.

vulgaire, n'ayant pas encore bien compris leur système (1). Dès lors, je n'hésitai pas à blâmer mon hôte de l'extrême confiance qu'il donnait aux fables dont les livres des Manichéens étaient remplis. Cependant, j'étais plus intimement lié avec eux qu'avec aucun de ceux qui n'avaient pas embrassé cette hérésie. Si je ne la défendais plus avec la même impétuosité, la familiarité avec ces sectaires dont Rome cachait un grand nombre, ralentissait mon empressement à chercher ailleurs la vérité.

Je désespérais surtout de la trouver dans votre Église, dont ils m'avaient éloigné, ô Dieu du ciel et de la terre, créateur des choses visibles et invisibles ! Il me semblait bien humiliant de croire que vous avez la forme humaine et que vous êtes enfermé dans les contours matériels d'un corps semblable au nôtre. Et cependant, lorsque je voulais songer au Dieu que je m'étais fait, je ne savais me représenter qu'une masse corporelle ; ce qui n'était pas matière me semblait un pur néant ! Telle était la plus grande et peut-

(1) Dans la solitude de Cassiacum où saint Augustin, quelque temps après sa conversion (386), se retira avec plusieurs de ses amis, comme nous le verrons plus tard, il écrivit une réfutation du système des *Académiciens*. On sait que l'école académique, qui embrasse une période de quatre siècles, comprend des systèmes philosophiques d'un caractère bien différent. La première académie fut celle de Platon. Les écoles qui, plus tard, usurpèrent ce grand nom, et qui eurent pour chefs Arcésilas, Carnéade, Clitomaque, etc., avaient pour trait commun la doctrine du *probable*, du *vraisemblable* ($\tau\grave{o}$ $\pi\iota\theta\alpha\nu\acute{o}\nu$), c'est-à-dire la négation de la certitude. — C'est l'erreur de ces néo-académiciens sceptiques qui est combattue dans les trois livres de saint Augustin *contra academicos*.

être la seule cause de l'erreur dans laquelle j'étais misérablement plongé (1).

IV.

J'AVAIS fait de sérieuses démarches pour remplir l'objet de mon voyage qui était de professer la rhétorique à Rome. J'avais d'abord réuni chez moi quelques jeunes gens qui, me connaissant, me faisaient connaître à d'autres, quand j'appris qu'il se passait dans cette ville des choses dont je n'avais pas eu à souffrir en Afrique. On n'y signalait pas, il est vrai, ces désordres auxquels s'abandonnait à Carthage une jeunesse licencieuse; mais on m'avertit que les étudiants s'entendaient en grand nombre pour ne point payer au maître ses leçons, et passer tout à coup dans une autre école, transfuges de la parole donnée, qui, par amour de l'argent, méprisaient la justice.

Je conçus également de la haine pour ces jeunes gens, mais la source n'en était pas pure. Car je détestais moins peut-être l'injustice dont ils se rendaient coupables envers tous indifféremment, que celle dont j'avais à souffrir moi-même.

Sans doute ils se déshonorent et vous outragent, ô mon Dieu, en prostituant leur amour à des biens

(1) L. v, c. 10.

frivoles, jouet du temps, à des richesses de boue, qui souillent la main qui les touche ; en embrassant un monde qui fuit et vous méprisant, vous qui ne passez pas, mais rappelez l'âme adultère et lui pardonnez, quand elle revient ! Encore aujourd'hui, je hais ces cœurs pour leur dépravation et leur perfidie; mais je les aime, pour qu'ils se corrigent, pour qu'ils préfèrent à l'argent la science qu'on leur enseigne, et à cette science vous-même, ô mon Dieu, Vérité, trésor des biens durables, Paix sereine des cœurs!

Mais alors je détestais bien plus leur malice par intérêt pour moi que je ne désirais leur conversion par amour pour vous (1).

(1) L. v, c. 12.

CHAPITRE NEUVIÈME

SAINT AMBROISE.

OME n'avait réalisé aucune des espérances du jeune ambitieux. A peine arrivé, Augustin songeait à partir. Symmaque, préfet de Rome, lui en fournit l'occasion en le désignant, après un concours public, pour remplir une chaire d'éloquence, vacante alors à Milan.

Le poste était d'autant plus important, le choix d'autant plus honorable que la ville de Milan, depuis que les empereurs y avaient fixé leur résidence, était devenue la véritable capitale de l'Occident.

Augustin se crut enfin sur la voie de la fortune. La divine Providence, dont les desseins étaient encore mystérieux pour lui, le plaçait sur le chemin du salut.

A Milan, où il arrivait en 384, l'attendait l'ange qui devait le conduire par la main, à travers les ténèbres où il marchait encore, jusqu'à l'admirable lumière qui commençait à poindre au loin.

Cet ange, c'était saint Ambroise qui, depuis dix années, occupait le siège épiscopal de la grande ville qu'il avait gouvernée d'abord comme préfet. Augustin trouva en lui un père pour l'aimer, un docteur pour l'instruire. Un an plus tard. Monique venait le rejoindre pour travailler de près à l'œuvre que, de loin, elle n'avait cessé de poursuivre par ses larmes et par ses prières.

Son fils lui fit une confidence qui laissa pénétrer dans le cœur maternel un rayon d'espoir et de joie : s'il n'était pas encore chrétien catholique, du moins il n'était plus manichéen.

Le doute le tourmentait ; il s'avouait que tout ce
qu'il avait cru jusqu'alors n'était qu'erreur ;
mais il ne savait où trouver la vérité. Trompé
tant de fois par de faux médecins qui
lui avaient promis en vain de guérir
son âme, il repoussait avec dé-
fiance le remède infaillible
que, par la main d'Am-
broise, Dieu même
lui présentait
pour
le sauver.

I.

On écrivit de Milan pour demander au préfet de Rome un maître de rhétorique dont on promettait de payer jusqu'au voyage. Je briguai cet emploi par l'entremise de ces hommes imbus des erreurs manichéennes, dont mon départ allait me délivrer. Mais ni eux ni moi ne le soupçonnaient.

Le préfet Symmaque (1), m'ayant proposé comme épreuve une harangue dont il fut satisfait, m'envoya à Milan.

Arrivé dans cette ville, j'allai trouver l'évêque Ambroise, homme des plus vertueux, connu du monde entier et votre pieux serviteur. Son éloquence infatigable distribuait à votre peuple, ô mon Dieu, *votre pur froment, l'huile qui donne la joie, le vin qui enivre d'une sainte ivresse* (2). A mon insu, vous me conduisiez vers lui pour qu'il m'ouvrît les yeux et me menât vers vous.

(1) Q. Aurelius Symmachus, préfet de Rome en 364, après avoir été proconsul d'Afrique, fut un des derniers défenseurs du paganisme expirant. Ses efforts pour rétablir à Rome l'autel de la Victoire échouèrent devant l'énergique protestation de saint Ambroise.
(2) Ps ciii, 15, 16.

Cet homme de Dieu me reçut avec la tendresse d'un père et se réjouit de mon arrivée avec la charité d'un évêque. Je me pris à l'aimer, non comme un docteur de la vérité, — je désespérais de la trouver dans votre Église, — mais comme un homme bienveillant à mon égard. Quand il parlait au peuple, je l'écoutais avec avidité, non pas avec l'intention qui me devait guider. mais pour étudier son éloquence et savoir si elle répondait à sa renommée, si elle était au-dessus ou au-dessous des éloges qu'on lui donnait. J'étais suspendu à ses lèvres, attentif aux paroles, insouciant et dédaigneux des idées. Je goûtais les charmes de ce langage plus fort et plus solide que celui de Faustus, mais moins agréable et moins caressant. Quant au fond des choses, il n'y avait pas entre eux de comparaison possible : l'un se perdait dans les vaines rêveries manichéennes ; l'autre enseignait les saines doctrines du salut.

Mais le salut est loin d'un pécheur tel que j'étais alors ! Et cependant je m'en approchais peu à peu, à mon insu (1).

II.

Sans m'attacher aux choses que disait Ambroise, j'étudiais uniquement la manière dont il les disait. Car, ô mon Dieu, dans ce cœur qui désespé-

(1) L. v, c. 13.

rait d'aller à vous, vivait encore le vain souci de l'éloquence. Cependant, avec les paroles qui me plaisaient, entraient aussi dans mon esprit les pensées que je négligeais ; je ne pouvais séparer les unes des autres, et tandis que j'ouvrais mon cœur à l'éloquence, la vérité insensiblement y entrait aussi.

D'abord, il me parut possible de défendre la doctrine qu'Ambroise enseignait et d'admettre sans témérité, malgré les objections des Manichéens, que naguère je croyais invincibles, les dogmes de la foi catholique, surtout après que le saint évêque m'eût expliqué le sens énigmatique de certains passages de l'Ancien Testament qui, pris à la lettre, avaient tué ma croyance (1). Aussi, dès que je l'eus entendu les commenter au sens spirituel, je commençai à condamner mon désespoir, mais seulement en ce que j'avais estimé impossible de réfuter tant d'accusations et de moqueries dirigées contre la Loi et les Prophètes. Je ne crus pas néanmoins qu'il fallût embrasser la foi catholique parce qu'elle pouvait avoir de doctes défenseurs, capables de résoudre les objections avec éloquence et bon sens, ni renoncer à mon opinion parce que le pour et le contre étaient en balance. En un mot, la doctrine catholique n'était plus à mes yeux une vaincue, mais elle ne me paraissait pas encore victorieuse.

J'appliquai alors toutes les forces de mon esprit à trouver quelque argument décisif pour confondre

---

(1) *Littera enim occidit, Spiritus autem vivificat.* (II. Cor. iii, 6.)

l'erreur des Manichéens. Si j'avais pu concevoir une substance spirituelle, tous les fantômes matériels qui hantaient mon imagination se seraient à l'instant évanouis ; mais je ne pouvais y parvenir.

Toutefois, plus j'approfondissais et comparais les diverses opinions, plus j'estimais probable ce qu'avaient pensé la plupart des philosophes touchant la substance même de ce monde et la nature des objets qui frappent nos sens. Aussi, suivant la méthode qu'on attribue aux Académiciens, doutant de tout, ballotté entre les contraires, je me résolus d'abandonner les Manichéens, dans la pensée que mon état d'incertitude m'interdisait de suivre une secte à laquelle je préférais déjà certains philosophes. D'autre part, je me refusais à confier à ceux-ci la guérison de mon âme, parce qu'ils n'invoquaient pas le nom salutaire de Jésus-Christ. Je pris donc le parti de rester au nombre des catéchumènes de l'Église catholique dont mes parents m'avaient inspiré l'estime, jusqu'à ce qu'une lumière certaine vînt diriger mes pas (1).

III.

O vous, mon espérance dès les années de ma jeunesse, où étiez-vous alors, où vous étiez-vous retiré loin de moi ? Ne m'aviez-vous pas créé de vos mains et placé au-dessus des animaux de la terre et

(1) L. v, c. 14.

des oiseaux du ciel? Vous m'aviez fait plus sage, et je marchais dans des voies ténébreuses et glissantes. Je vous cherchais hors de moi, et je ne trouvais pas le Dieu de mon cœur. J'étais descendu au fond de la mer, en proie à mille défiances, désespérant de jamais trouver la vérité.

Déjà ma mère était venue me rejoindre, forte de sa piété, sur terre et sur mer à ma poursuite, sûre de vous dans tous les dangers. Au milieu des hasards de la traversée, elle encourageait les matelots eux-mêmes qui d'ordinaire encouragent, dans leurs terreurs, les passagers novices. Elle leur promettait un heureux voyage, — vous lui en aviez donné l'assurance dans une vision.

Elle me trouva dans l'extrême péril où m'exposait mon désespoir de trouver la vérité. Quand elle apprit de ma bouche que je n'étais plus manichéen, sans être encore pour cela chrétien catholique, elle ne tressaillit pas de joie comme à une nouvelle inattendue, bien que dès lors elle fût tranquillisée sur la partie de mes misères qui lui avait coûté tant de larmes; car elle me pleurait mort, moi qui devais ressusciter, et elle me portait en son esprit comme en un cercueil, attendant l'heure où vous deviez dire au fils de la veuve : *Jeune homme, je te l'ordonne, lève-toi!* et, lui redonnant la vie et la parole, le rendre à sa mère (1).

(1) Allusion à la résurrection du fils de la veuve de Naïm (Luc, vii, 14, 15), à laquelle saint Augustin aimait à comparer le miracle de sa conversion obtenu par les larmes de sa mère.

Ce ne fut donc pas une joie immodérée qui fit tressaillir son cœur, quand elle apprit que ce qu'elle demandait chaque jour par ses larmes était déjà fait en grande partie, puisque, sans avoir encore embrassé la vérité, je m'étais arraché à l'erreur. Bien plus, certaine que vous continueriez l'ouvrage que vous lui aviez promis tout entier, tranquille et le cœur plein de confiance, elle me répondit qu'elle avait foi en Jésus-Christ et qu'avant de quitter ce monde, elle me verrait fidèle catholique.

C'est ainsi qu'elle me parlait. Mais elle redoublait ses prières et ses larmes, vous demandant, ô source des miséricordes, de hâter ma délivrance et d'éclairer mes ténèbres. Elle courait avec plus d'empressement à l'église, suspendue aux lèvres d'Ambroise, avide de boire à cette *source d'eau vive qui jaillit jusqu'à la vie éternelle.* Elle aimait cet homme comme un ange de Dieu, car elle n'ignorait pas que, grâce à lui, j'étais arrivé à cet état de doute et d'incertitude, crise salutaire dont l'effet devait être, elle le pressentait, de me mettre en un plus grand danger pour m'amener à une guérison complète (1).

IV.

Ma mère, selon la coutume d'Afrique, venait parfois aux tombeaux des martyrs apporter du pain, du vin et des mets apprêtés ; elle en fut empê-

(1) L.VI. c. I.

chée par un gardien. Apprenant que la défense venait de l'évêque, elle reçut l'avis avec tant de piété et de soumission, que j'admirai vraiment sa vertu qui condamnait ce qu'elle avait pratiqué jusqu'alors, plutôt que de discuter la défense. C'est que son cœur n'avait aucun penchant à l'intempérance. Le vin ne la dégoûtait pas de la vérité, comme il arrive à tant d'autres, hommes et femmes, qui, au seul mot de sobriété, ont les mêmes nausées qu'un ivrogne en face d'un verre d'eau.

Quand elle apportait, pour ces agapes solennelles, sa corbeille pleine d'offrandes, avant de les distribuer elle goûtait, pour faire honneur aux pauvres, un peu de vin trempé, suivant sa modération habituelle. Si en un même jour l'on célébrait la mémoire de plusieurs défunts, elle portait sur chaque tombe un seul petit flacon de vin mêlé d'eau et tiède; elle le partageait avec les personnes présentes en légères libations, pour satisfaire ainsi sa piété et non sa délicatesse.

Aussi, dès qu'elle apprit que l'illustre prédicateur, le pieux évêque avait défendu cette pratique même à ceux qui en usaient sagement, afin de ne pas fournir aux intempérants l'occasion de quelques excès et de ne point ressembler aux païens dans leurs superstitions, elle s'en abstint de bien bon cœur.

Au lieu d'une corbeille pleine des fruits de la terre, elle apprit à porter aux tombeaux des martyrs un cœur rempli des vœux les plus purs; se réservant de donner selon ses moyens aux pauvres, elle participait en ces lieux, le dimanche, à la réception du corps de Jésus-Christ, dont la Passion avait servi de modèle aux martyrs pour s'immoler et recevoir la couronne.

Cependant, il me semble, mon Seigneur et mon Dieu, et en votre présence c'est la pensée de mon cœur, que ma mère n'aurait pas renoncé facilement à cette coutume si la défense était venue d'une per-sonne moins chère à son cœur que ne l'était Ambroise, auquel elle portait une extrême affection, le regardant comme l'instrument de mon salut.

Lui, l'aimait à son tour pour sa grande piété qui la rendait si fervente dans les bonnes œuvres et si assidue à l'Église (1). Aussi, quand il me voyait, il lui arrivait souvent d'éclater en louanges sur son compte, me félicitant d'avoir une telle mère, sans savoir quel fils elle avait en moi; car il ignorait les doutes qui m'agitaient et le désespoir où j'étais de trouver le chemin qui conduit à la vie (2)!

(1) Monique, par une pieuse industrie, envoyait parfois son fils proposer à l'évêque la solution des questions qui l'embar-rassaient elle-même. « Ma mère qui m'avait suivi à Milan, raconte saint Augustin, trouva que cette Église ne jeûnait pas le samedi. Elle en conçut du trouble et ne savait que faire. Bien qu'en ce temps-là je n'eusse aucun souci de pareille chose, à cause de ma mère je consultai Ambroise, homme de sainte mémoire. Il répondit qu'il n'avait à m'apprendre que ce qu'il faisait lui-même, car s'il savait une pratique meilleure, il ne manquerait pas de l'observer... Et il ajouta : Quand je suis à Rome, je jeûne le samedi; quand je suis ici, je ne jeûne pas. Gardez, vous aussi, la coutume de l'Église où vous vivez, de peur de donner ou de recevoir quelque scandale. » *(Epist.* 118 *ad Januarium.)*
(2) L. VI, c. 2.

V.

Je ne savais pas encore, ô mon Dieu, par mes gémissements et mes prières, vous appeler à mon secours; mon esprit, en quête de la vérité, toujours inquiet, se perdait en discussions.

Ambroise me paraissait un homme heureux selon le monde, lui que les plus hautes puissances vénéraient. Seul, le célibat qu'il avait voué était, à mon avis, un gênant fardeau. Mais ce qu'il portait en lui de grandes espérances, ce qu'il avait à soutenir de combats contre les tentations nées de sa grandeur même, sa joie dans les adversités, les secrètes délices qu'éprouvait son cœur à savourer votre pain... je ne m'en doutais pas, je n'en avais aucune expérience.

Lui, de son côté, ne soupçonnait pas les troubles de mon âme et le précipice ouvert sous mes pas. Il m'était impossible de lui demander ce que je voulais, comme je le voulais, séparé de lui par une multitude de gens tout occupés de leurs propres affaires et dont il soulageait les infirmités. Le peu d'instants qu'il ne leur consacrait pas, il les employait à donner au corps ce qui lui était indispensable et à l'âme l'aliment intellectuel de la lecture. Et quand il lisait, ses yeux parcouraient les pages, son esprit approfondissait le sens, ses lèvres et sa langue restaient en repos.

Souvent, quand je me trouvais chez lui, — car sa porte était ouverte à tous, et l'on entrait sans se faire annoncer, — je le voyais ainsi lire en silence et jamais autrement. Je m'asseyais et demeurais longtemps sans rien dire; car qui eût osé troubler une méditation si profonde? Puis je me retirais, persuadé que, pendant les courts instants de repos qu'il accordait à son esprit fatigué du tracas de tant d'affaires, il ne serait pas bien aise d'être importuné. Je pensais que, s'il faisait ainsi sa lecture en silence, c'était peut-être dans la crainte que l'auditeur, malgré son attention, ne pût comprendre certains passages plus ou moins obscurs, que lui-même serait dans la nécessité de lui expliquer; ce qui, lui faisant perdre le temps à éclaircir quelques difficultés, l'empêcherait de lire autant de volumes qu'il le désirait.

Peut-être cette habitude de lire en silence avait-elle pour motif de ménager sa voix, qui s'éteignait au moindre effort. Au surplus, quelle que fût l'intention d'un si saint personnage en agissant ainsi, elle ne pouvait qu'être bonne.

Quoi qu'il en soit, ce que je souhaitais savoir, je n'avais pas occasion de le demander à ce cœur pieux, sanctuaire de vos oracles, à moins que ce ne fût une question qu'on pût traiter en peu de mots. J'aurais voulu épancher à loisir en son âme les tumultueuses agitations de la mienne. mais je ne le trouvais jamais entièrement libre. Je l'entendais, il est vrai, chaque dimanche, commenter admirablement au peuple la parole de la vérité, et de plus en plus j'étais convaincu qu'il était possible de démêler le nœud de ces subtiles calomnies que vos ennemis ont inventées contre les divines Écritures. Mais quand j'appris, ô mon Dieu, que les fils que notre mère, l'Église catholique, vous enfante par la grâce et le Saint-Esprit, en disant que vous avez fait l'homme à votre *image,* ne vous croyaient pas cependant emprisonné dans la forme du corps humain, tout en ne me faisant aucune idée, même imparfaite et confuse, d'une substance spirituelle, je ressentis une vive joie, mais où se mêlait la honte de m'être déchaîné, durant tant d'années, non pas contre la foi catholique, mais contre les chimères de mes pensées charnelles; car j'avais été d'autant plus téméraire et plus impie que j'avais censuré ce dont j'aurais dû m'instruire.

O Dieu, à la fois si élevé et si rapproché de nous, si caché et si visible, qui n'avez point de membres plus ou moins étendus, mais êtes tout entier partout, sans être enfermé en aucun lieu, vous n'avez point une forme corporelle comme la nôtre, et pourtant vous avez fait l'homme à votre image, l'homme qui, de la tête aux pieds, est borné par un certain espace (1).

(1) L. VI, c. 3.

VI.

Puisque j'ignorais de quelle manière l'homme était votre image, j'aurais dû frapper à la porte et demander ce qu'il fallait croire, au lieu d'insulter les catholiques à propos d'erreurs imaginaires. Un impatient désir de parvenir à quelque certitude me rongeait d'autant plus le cœur, que j'étais plus confus d'avoir été si longtemps la dupe et le jouet de vaines promesses et d'avoir, dans mon ignorance, avec une obstination puérile, débité comme certain ce qui ne l'était pas. Tout cela était faux, je l'ai vu clairement depuis. Mais dès lors, je savais, à n'en pas douter, que tout cela n'avait aucun fondement solide, et que néanmoins je l'avais donné comme indubitable dans mes attaques aveugles contre votre Église catholique. Il n'était pas encore évident pour moi que celle-ci enseignât la vérité; mais j'avais conscience qu'elle n'enseignait pas ce que je lui avais outrageusement reproché.

J'étais donc confus, et je me retournais vers vous, et je me réjouissais, mon Dieu, que votre Église unique, qui est le corps de votre Fils unique et dans laquelle, enfant, j'avais été marqué du nom de Jésus-Christ, n'eût aucun goût pour de puériles frivolités et que rien, dans sa saine doctrine, ne pût porter à croire que le Créateur de l'univers a la forme humaine et est circonscrit dans quelque lieu, si vaste, si étendu qu'on le suppose.

Je me réjouissais aussi de ce qu'on ne me proposait point la lecture de l'Ancien Testament, de la Loi et des Prophètes sous le point de vue qui m'y avait fait trouver des absurdités que je reprochais à vos saints de croire et qu'ils ne croyaient pas. Et quand j'entendais Ambroise, dans ses sermons au peuple, insister sur cette maxime importante : *la lettre tue, l'esprit vivifie* (1), j'étais heureux; car les passages qui, pris à la lettre, paraissaient renfermer un enseignement pervers, il les expliquait au sens spirituel, en levant le voile mystérieux dont ils étaient couverts, sans rien dire qui pût me choquer, bien que je n'eusse pas encore l'évidence que sa parole exprimât la vérité. J'interdisais à mon cœur tout assentiment, de peur de rencontrer le précipice, et ce m'était un supplice mortel de rester ainsi en suspens. Je prétendais être aussi certain des choses qui ne frappent pas les yeux que de : *sept et trois font dix.* Non que je fusse assez insensé pour penser que cette vérité n'était pas évidente; mais je voulais comprendre tout le reste de la même manière : les choses corporelles qui n'étaient pas actuellement présentes à mes sens, aussi bien que les choses spirituelles que je ne pouvais concevoir autrement que revêtues d'une forme corporelle.

(1) Épître aux Corinthiens, iii, 6.

C'est la foi seule qui pouvait me guérir, en purifiant le regard de mon âme et en le fixant, autant que possible, sur votre vérité immuable et infaillible. Mais, comme il arrive souvent que celui qui a fait l'épreuve d'un mauvais médecin, n'ose plus se confier à un bon, ainsi mon âme malade, qui ne pouvait espérer sa guérison que de la foi, repoussait tout remède, dans la crainte de croire l'erreur, et résistait à vos mains, ô mon Dieu, qui préparez le breuvage de la foi et le prodiguez à tous nos maux, après lui avoir donné une merveilleuse efficacité pour les guérir (1)!

(1) L. vi, c. 4.

CHAPITRE DIXIÈME

LE MENDIANT.

PEU à peu la lumière se faisait dans l'esprit d'Augustin, mais le cœur, plein des choses de la terre, était encore bien malade. Au dehors, tout souriait au jeune ambitieux. Sa charge nouvelle de professeur d'éloquence à Milan lui fournit l'occasion de faire briller son talent devant un nombreux auditoire, réuni pour entendre l'éloge qu'il fit du consul Bauto (1). Il fut même choisi pour prononcer le panégyrique de l'empereur Valentinien II, un enfant de seize ans ; sous son nom régnait sa mère, l'impératrice Justine, qui, cette année même (385), allait si odieusement persécuter saint Ambroise, coupable de ne pas vouloir céder une des églises catholiques aux Ariens qu'elle protégeait.

Un pareil discours était pour embarrasser fort l'orateur. Aussi ses perplexités étaient extrêmes et le rendaient si malheureux, qu'il se faisait à lui-même pitié et se mettait au-dessous d'un mendiant ivre, rencontré par hasard dans la rue.

(1) Le premier jour de l'année 385. — Cum ego Mediolanum ante Bautonem venerim, eique consuli calendis januariis laudem in tanto conventu conspectuque hominum pro mea tunc rhetorica professione recitaverim... (*Contra litteras Petiliani donatistæ*, lib. III, c. 25, n. 30.)

Saint Augustin se plaît à cette humble comparaison. « *Tous, dit-il quelque part* (1), *nous sommes les mendiants de Dieu. Quand vous dites : Donnez-nous aujourd'hui notre pain quotidien, vous vous proclamez le mendiant de Dieu. N'en rougissez pas ; quelque riche que soit un homme ici-bas, il est le mendiant de Dieu. Le mendiant se tient à la porte du riche ; le riche lui-même se tient au seuil du riche par excellence. Et le riche, de quoi donc a-t-il besoin ? J'ose le dire, il a besoin du pain quotidien..... Et ce pain, c'est la parole de Dieu qui nourrit, non les corps, mais les âmes.* »

Et ailleurs : « *Tous, quand nous prions, nous sommes les mendiants de Dieu. Debout à la porte du grand Père de famille, ou plutôt prosternés, suppliants, nous gémissons, désireux de recevoir quelque chose ; et ce quelque chose, c'est Dieu même. Le pauvre,* « *que réclame-t-il de vous ? Son pain. Et vous que demandez-vous à Dieu, sinon Jésus-Christ qui dit de lui-même Je suis le Pain vivant, descendu des cieux* » (2).

(1) *Sermo* LVI, cap. 6.
(2) *Sermo* LXXXIII, cap. 3.

I.

Toutes mes préférences allaient dès lors à la foi de l'Église catholique. Je sentais qu'il y avait de sa part plus de modestie et de loyauté à commander de croire ce qui n'est pas démontré — soit qu'il n'y ait pas de démonstration possible, soit que possible en elle-même, la preuve passe la portée des auditeurs, — tandis qu'avec leurs présomptueuses promesses de science, les Manichéens se jouent de la crédulité de leurs adeptes, risque à leur imposer, dans la suite, de croire des fables ridicules, dans l'impuissance où ils sont de les prouver.

Et votre main, Seigneur, si douce, si miséricordieuse, touchant et façonnant peu à peu mon cœur, je considérais quelle multitude de choses je croyais sans les avoir jamais vues, sans en avoir été témoin : tant d'événements contenus dans l'histoire des peuples, tant de descriptions de villes et de pays que je n'avais pas visités, tant d'assertions que, sur la foi d'amis, de médecins, de mille autres personnes, il faut admettre sous peine de rompre tous les liens de la vie sociale ! Une foi inébranlable ne m'assurait-elle pas des auteurs de ma naissance ? Et qui pouvait me l'apprendre, sinon le témoignage d'autrui ?

Ainsi vous m'aviez persuadé, ô mon Dieu, que, loin de blâmer ceux qui croient à vos Écritures dont vous avez si puissamment établi l'autorité chez presque toutes les nations, je devais tenir pour répréhensibles ceux qui n'y croient pas, et qu'il ne fallait point les écouter quand ils disent : D'où savez-vous que ces livres ont été communiqués au genre humain par l'Esprit du vrai Dieu, qui est la Vérité même ?

Et c'est précisément cela que je devais croire ; car, au milieu du conflit d'opinions subtiles et captieuses dont la lecture des philosophes m'avait donné le spectacle, rien n'avait pu m'arracher cette conviction que vous êtes, tout en ignorant ce que vous êtes, ni me faire douter que vous gouvernez les choses humaines. Sans doute, ma foi, à cet égard, était tantôt plus forte, tantôt plus chancelante ; mais je n'en croyais pas moins à votre existence et à votre providence, tout en ne sachant trop que penser de votre nature intime et des voies qui conduisent et ramènent vers vous. Comprenant que nous sommes trop faibles pour trouver la vérité par la seule raison, et que nous avons besoin du secours des saintes Écritures, je commençais à me convaincre que vous n'aviez donné une telle autorité à ces saints livres que parce que vous voulez que par eux on vous cherche, et que par eux on croie en vous.

Quant aux absurdités que je m'imaginais naguère rencontrer dans le texte sacré, depuis qu'on m'en avait fourni une explication plausible, j'attribuais à la profondeur des mystères chrétiens tout ce qu'ils présentaient d'obscur. L'autorité de l'Écriture m'apparaissait d'autant plus vénérable, d'autant plus digne d'une pieuse créance, qu'accessible à tous, elle réserve à ceux qui pénètrent plus avant, de sublimes secrets. Par l'humilité et la familiarité du langage, elle est à la portée des plus simples ; et chaque mot exerce la sagacité des plus graves esprits. Recevant tous les hommes en son vaste sein, elle ouvre vers vous un étroit passage à quélques âmes d'élite, dont le nombre serait encore plus petit, si l'autorité dont elle est revêtue était moindre et le giron de son humilité sainte moins largement ouvert.

Telles étaient mes pensées, et vous me veniez en aide. Je soupirais, et mes gémissements montaient jusqu'à vous. La barque de mon âme voguait à l'aventure, et vous saisissiez le gouvernail. Je m'égarais dans les voies larges du monde, et vous ne m'abandonniez pas (1) !

II.

J'ASPIRAIS après les honneurs, la richesse, le mariage, ô mon Dieu, et vous vous moquiez de mes projets. Ces impatients désirs me comblaient d'ennuis et

(1) L. vi, c. 5.

d'amertumes, et vous m'étiez d'autant plus propice que vous ne me laissiez trouver aucune douceur à ce qui n'était pas vous !

Voyez mon cœur, ô vous qui m'ordonnez d'en rappeler et d'en confesser les faiblesses. Que désormais elle s'attache à vous, cette âme que vous avez arrachée à la glu tenace d'un piège mortel. Quelle était alors sa misère ! Vous, mon Dieu, vous touchiez sa plaie vive, pour la forcer, en tout quittant, de se convertir à vous, qui êtes plus que tout, sans qui tout n'est rien, — de se convertir à vous qui pouviez la guérir !

Oui, j'étais misérable, et comme vous m'avez bien fait sentir ma misère !

Je me disposais à prononcer le panégyrique de l'empereur, c'est-à-dire à débiter bien des mensonges destinés à être applaudis par ceux-là même qui les tenaient pour tels. Mon cœur, tourmenté d'inquiétude, était en proie aux ardeurs d'une fièvre dévorante.

Comme je passais par une rue de Milan, j'aperçus un pauvre mendiant, déjà ivre, je crois, qui se livrait à de joyeux ébats. Alors, poussant un soupir, et m'adressant aux amis qui m'accompagnaient, je me mis à déplorer les maux que nos folies nous font souffrir. Nos plus pénibles efforts, disais-je, tels que ceux auxquels je me condamne en traînant, sous l'aiguillon de mes passions, le fardeau de mon malheur qui s'aggrave à chaque pas, — nos plus pénibles efforts vont à nous assurer un peu de joie. Ce mendiant nous devance où nous ne parviendrons peut-être jamais ! Au prix de quelque menue monnaie qu'on lui jette en aumône, il possède ce que je poursuis à travers un labyrinthe d'inquiétudes, c'est-à-dire un moment de plaisir ici-bas ! Sans doute la joie de cet homme n'était point une joie véritable ; mais bien moins réelle encore était celle que j'ambitionnais ! Lui, du moins, il était en liesse ; moi, rongé de soucis. Il ne redoutait rien ; je m'inquiétais de tout. Certes, si l'on m'avait alors demandé ce que je préférais de la joie ou de la crainte, j'aurais choisi la joie ; et cependant, si l'on m'eût pressé de dire si j'aimais mieux être tel qu'était ce mendiant ou tel que j'étais moi-même, j'aurais répondu, sans hésiter, que mieux valait mon existence, malgré tous les soucis et toutes les craintes qui l'agitaient. Mais ce choix de ma perversité eût - il été conforme à la vérité ? Parce que j'étais plus savant que cet homme, était-ce une raison pour me mettre au-dessus de lui ? Ma science ne me donnait pas la joie ; mais par elle je cherchais la faveur des hommes, non pour les instruire, mais pour leur plaire. Et c'est pour cela que *vous brisiez mes os avec la verge dont vous corrigez nos erreurs* (1).

Loin de moi ceux qui disent à mon âme : « Il y a différence entre les joies. Le mendiant trouvait la sienne dans l'ivresse, tandis que vous la cherchiez dans la gloire. » Quelle gloire, Seigneur, que celle

(1) Ps. LII, 7.

qui n'est pas en vous ! La joie de ce misérable était fausse, soit ; la gloire que je poursuivais n'était pas plus vraie. Mais comme elle troublait davantage ma raison ! Une nuit dissipait son ivresse ; je me couchais, je me levais avec la mienne ; bien longtemps encore je devais, avec elle, m'endormir et me réveiller.

Sans doute il y a joie et joie : celle des saintes espérances est infiniment supérieure à cette allégresse folle. Mais, sous ce rapport même, j'étais bien loin du mendiant ! Plus heureux que moi, il ne se sentait pas d'aise, quand les soucis me rongeaient les entrailles ; il avait acheté son vin par des souhaits de bonheur offerts en retour d'une aumône, tandis qu'au prix du mensonge je mendiais la vaine gloire.

Je devisai longtemps ainsi avec mes amis ; sans cesse je revenais sur mon état que je trouvais déplorable, et la douleur que j'en éprouvais redoublait mon malaise. Et si quelque prospérité semblait me sourire, je n'osais étendre la main pour la saisir, car elle s'envolait aussitôt (1).

(1) L. vi, c. 6.

CHAPITRE ONZIÈME

ALYPIUS.

N a lu plus haut la touchante histoire du jeune ami, dont Augustin pleura la mort prématurée avec des larmes si amères. Alypius, dont il va nous parler, ne lui fut pas moins cher. Diligebat me multum, et ego illum (1). *Il était, dit Augustin, mon frère de cœur :* Alypium, fratrem cordis mei... (2). *Tous les deux, égarés dans les mêmes erreurs, travaillés des mêmes doutes, affamés de la vérité qui se dérobait encore à leurs ardentes poursuites, devaient ensemble se rapprocher de Dieu et se vouer à son glorieux service avec un égal amour.*

Saint Alypius mourut évêque de Thagaste, patrie d'Augustin et la sienne.

Voici en quels termes affectueux le grand docteur faisait plus tard l'éloge de cet ami, dans une lettre adressée à saint Paulin de Nole (3). Parlant de son illustre bienfaiteur Romanianus : « Vous avez encore, écrit-il, un autre motif d'aimer ce frère ; c'est qu'il

(1) *Confessions*, Lib. VI, 7.
(2) *Ibid.* L. IX, 4.
(3) *Epistola* XXVII *ad Paulinum*, an. 395.

est parent du vénérable et vraiment bienheureux évêque Alypius, que vous chérissez de tout votre cœur, et à bien juste titre ; car estimer un tel homme, c'est estimer la grande miséricorde de Dieu et les merveilles de ses dons ».

C'est sa fraternelle union avec Alypius que semble décrire saint Augustin dans les belles définitions qu'il donne de l'amitié chrétienne : L'amitié est une union de bienveillance et de charité en toutes les choses humaines et divines (1).

Et ailleurs : « Aimons, aimons sans égoïsme, puisque nous aimons Dieu : pourrions-nous rien trouver de meilleur ? Aimons-le pour lui-même, aimons-nous en lui et pour lui. Celui-là aime vraiment son ami, qui en son ami aime Dieu, ou parce qu'il est à Dieu, ou pour qu'il soit à Dieu. Telle est la véritable dilection. Nous aimer pour quelque autre motif, ce n'est pas nous aimer, c'est nous haïr » (2).

Alypius, avant sa conversion, avait été, beaucoup plus qu'Augustin, passionné pour le théâtre et même pour les jeux sanglants du cirque, dont son ami eut toujours horreur. Quelle utile leçon à recueillir de cette histoire dramatique, résumée avec une éloquente concision : Spectavit, clamavit, exarsit !... Combien de jeunes gens, entraînés par une amicale

---

(1) *Siquidem amicitia rectissime atque sanctissime definita est, rerum humanarum et divinarum cum benevolentia et caritate consensio.* (Contra Academicos, Lib. III, c. 6.)

(2) *Ille enim veraciter amat amicum, qui Deum amat in amico, aut quia est in illo, aut ut sit in illo.* (Sermo 336, in dedicatione Ecclesiæ.)

violence, amica vi, *à des spectacles dangereux, sont aussi victimes d'un regard imprudent, d'une fausse démarche! Et qu'ils sont pleins d'opportunité, les conseils que saint Augustin, éclairé par l'expérience, adressait aux chrétiens de son temps!*

Fuyez, disait-il, fuyez les spectacles, ô mes bien-aimés! fuyez les théâtres, honteux séjour du démon, de peur que cet esprit du mal ne vous prenne dans ses filets. Voulez-vous charmer votre esprit et vos yeux? Notre sainte mère l'Église vous offre des spectacles pieux et salutaires qui rempliront vos âmes d'une joie pure et nourriront votre foi, loin de la corrompre. Quelqu'un est-il amateur passionné du cirque? Que veut-il? Voir courir les chars, voir la foule se livrer à une folie furieuse, le vainqueur dépasser les chevaux d'un rival, voilà tout le plaisir! Comparez à cela nos saints, nos sages, nos très doux spectacles. Contemplez, dans le livre des Actes des apôtres (1), l'homme boiteux dès la naissance courant à la voix de saint Pierre. Et pour peu que vous ayez de bon sens, pour peu que brille en vous la lumière de la justice et le zèle du salut, demandez-vous quelle est la victoire que vous devez désirer, à laquelle vous devez applaudir: celle où un cheval robuste succombe, ou celle où l'homme malade est sauvé? Mais enfin vous faut-il en spectacle des chevaux, des chars, des cochers habiles à conduire, ardents à vaincre, Jésus-Christ ne vous interdit pas ce plaisir, s'il vous défend

(1). Actes, Livre III, 2.-8.

de vous mêler aux pompes de Satan. N'avons-nous pas le char de feu du saint prophète Elie, si rapide qu'il franchit la borne du ciel (1) ? Voulez-vous voir la vraie vertu triomphante... regardez *les chars de Pharaon et toute son armée précipités dans la mer* (2).

Le théâtre est le fléau des mœurs : on y apprend des infamies, on y entend des turpitudes, on y voit les scènes les plus pernicieuses à la vertu. Avec la grâce de Dieu, puissions-nous chasser bien loin de vos cœurs toutes ces abominations ! Comparons. — Là, c'est Jupiter, adultère, armé de la foudre ; ici, le Christ, vrai Dieu, enseignant la chasteté, détruisant l'impureté, prêchant le salut. Là, à ce fabuleux Jupiter on donne Junon pour sœur et pour épouse ; ici, nous vénérons sainte Marie à la fois vierge et mère. Là, toute la merveille, c'est un homme habile à danser sur la corde ; ici, c'est le grand miracle de saint Pierre marchant sur la mer (3). Là, c'est le honteux spectacle de la chasteté violée; ici, avec la chaste Susanne et le chaste Joseph (4), c'est la passion vaincue, la mort méprisée, Dieu aimé, la vertu exaltée. Là, les chœurs de musique, le chant du pantomime charment l'oreille, mais blessent mortellement le cœur; quoi de comparable à notre cantique où celui qui aime chante : *Les pécheurs m'ont conté leurs joies ; mais il n'est rien de semblable à votre loi, Sei-*

(1) IVe *Livre des Rois*, c. ii, v. 11.
(2) *Exode*, c. ii, v. 4.
(3) *S. Matthieu*, xiv, 29.
(4) *Daniel*, xiii. *Genèse*, xxxix.

gneur; tous vos commandements sont vérité!... (1).

Que les combats de l'amphithéâtre ne séduisent ni n'attirent le chrétien. Tout y est péril pour les yeux, tout y est barbarie. Comme dit le bienheureux Cyprien, une volonté perverse y condamne aux bêtes des hommes innocents (2). N'allez donc pas, mes bien-aimés, à ce cruel spectacle, entraînés par la curiosité de voir deux gladiateurs lutter contre neuf ours ; mais plaisez-vous à regarder notre prophète Daniel qui seul, par sa prière, triomphe de sept lions. Oh! quels admirables spectacles sont les nôtres, spectacles vraiment merveilleux, où Dieu intervient pour secourir, où la foi fournit les armes, où l'innocence combat, où la sainteté triomphe et remporte un prix que le vainqueur reçoit et que le rémunérateur ne perd pas ! Ces spectacles spirituels, recherchez-les avec ardeur ; pour en jouir en toute sécurité, accourez à l'église ; éloignez de vos cœurs tout désir charnel ; confiez aux soins de Dieu toutes vos sollicitudes, afin que l'ennemi ne trouve rien en vous qui lui appartienne. Reniez-le, renoncez à ses pompes, puisqu'aussi bien votre liberté est sortie sauve de ses embûches (3).

(1) *Psaume* cxviii, 85, 86.
(2) *In Epist.* 2 ad Donat.
(3) *De Symbolo, Sermo ad catechumenos,* c. ii.

I

Tᴇʟ était l'ordinaire sujet de mes plaintes avec mes amis, et surtout avec Alypius et Nébridius.

Alypius, né dans la même cité, d'une des premières familles municipales, était moins âgé que moi. Il avait été mon élève, d'abord à Thagaste, quand je commençais à professer, puis à Carthage. Il m'aimait beaucoup, parce qu'il m'estimait bon et savant ; et moi, je l'aimais de même pour l'admirable penchant à la vertu qu'il manifestait déjà dans un âge tendre. Néanmoins, cédant au torrent d'immoralité qui entraîne la jeunesse carthaginoise à la folie des spectacles, il s'était livré avec fureur à la passion du cirque.

Il y était misérablement plongé, quand je professais en public la rhétorique ; mais alors il ne suivait pas mes leçons, à cause d'une certaine mésintelligence qui s'était élevée entre son père et moi. Instruit de cette pernicieuse passion, j'en conçus un vif chagrin : c'était ma plus belle espérance que j'allais perdre en lui, si je ne l'avais déjà perdue ! Pour l'avertir ou le réprimander, je n'avais ni la liberté bienveillante de l'ami, ni l'autorité du maître. Je croyais, en effet, qu'il partageait à mon égard les sentiments de son père ; mais il n'en était rien. Sans tenir compte des préventions paternelles, il commençait à me saluer, venait à ma classe, écoutait quelques instants, puis se retirait.

Je ne songeai pas néanmoins à l'entretenir pour le conjurer de ne pas dégrader sa belle intelligence par l'aveugle entraînement de ces frivoles plaisirs. Mais vous, mon Dieu, qui gouvernez souverainement tout ce que vous avez créé, vous n'aviez pas oublié qu'il devait être un jour, parmi vos enfants, un des premiers ministres de vos mystères, et pour que l'honneur de son changement vous revînt tout entier, vous m'en fîtes l'instrument, mais à mon insu.

Un jour que j'étais au lieu ordinaire de mes leçons, entouré de mes disciples, il vint vers nous, me salua, prit place et se mit à écouter avec attention. La leçon que je faisais amenait naturellement une comparaison tirée des jeux du cirque, qui rendait l'explication plus sensible et plus agréable. J'y mêlai des allusions malignes et mordantes à l'adresse de ceux qu'entraîne cette folle passion. Vous savez, mon Dieu, que je ne songeais pas alors à guérir Alypius de sa maladie. Il s'appliqua néanmoins le remède, croyant qu'il était offert à lui seul. Un autre m'en eût voulu ; lui, s'en voulut à lui-même, et son cœur honnête et bon m'en aima davantage. N'aviez-vous pas dit dans la sainte Écriture : *Reprends le sage, et il t'aimera* (1)? Néanmoins, ce ne fut pas moi qui le repris, mais vous qui vous servez de nous tous, soit de gré, soit à notre insu,

(1) Livre des Proverbes, ix, 8.

selon l'ordre de votre sagesse et de votre justice. De mon cœur et de ma langue vous fîtes des charbons ardents pour cautériser le mal dont se mourait cette âme de si grande espérance. Que celui-là taise vos louanges, qui ne considère point vos miséricordes ! Pour moi, je les publie du fond de mon cœur.

A ma parole, Alypius s'élança de l'abîme où il s'était volontairement précipité, et où une aveugle passion l'enchaînait. Maîtrisant et secouant son âme, avec une résolution héroïque, il en fit tomber toutes les souillures du cirque où il ne revint pas.

Bientôt après, il triompha des résistances de son père et me prit pour maître. Redevenu mon disciple, il se laissa enlacer avec moi dans le filet de la superstition manichéenne, aimant dans ces sectaires cette continence dont ils faisaient parade, et qu'Alypius croyait véritable et sincère. Mais elle était loin de leur cœur ; ce n'était qu'un piège tendu aux âmes généreuses, qui, ne sachant pas approfondir les réalités de la vertu, se laissent prendre à son ombre et à sa trompeuse image (1).

II

ENGAGÉ par ses parents dans les enchantements de la vie mondaine, Alypius m'avait précédé à Rome pour y apprendre le droit ; c'est là qu'il conçut pour

(1) Livre VI, c. 7.

les combats de gladiateurs une étrange passion, par suite d'un entraînement non moins étrange. Jusqu'alors ces spectacles ne lui avaient inspiré que de l'aversion et de l'horreur. Mais un jour, quelques condisciples de ses amis, au sortir de table, le rencontrent, et malgré sa résistance et ses refus persistants, lui faisant une douce violence, l'emmènent à l'amphithéâtre, à l'heure de ces jeux cruels et funestes. Lui, cependant, leur disait : « Vous pouvez bien traîner mon corps au spectacle et l'y maintenir ; mais pourrez-vous attacher mon esprit et·mes yeux ? J'y serai donc comme n'y étant pas et je triompherai d'eux et de vous ».

Il eut beau dire, ils l'emmenèrent avec eux, dans le désir peut être de voir s'il aurait la force de tenir sa promesse. Ils arrivent et prennent place où ils peuvent. Tout fermentait déjà aux ardeurs d'une volupté cruelle. Alypius, fermant la porte de ses yeux, défend à son esprit de se mêler à cette scène barbare. Heureux s'il eût aussi bouché ses oreilles ! A un incident du combat, un immense cri s'élève. Violemment ému, Alypius cède à la curiosité, et se croyant assez armé pour braver et pour vaincre, même après avoir vu, il ouvre les yeux. Hélas ! son âme est plus grièvement blessée que le corps du malheureux qui fascinait son regard. Il tombe, et sa chute est plus misérable que celle qui excite cette clameur. Entré par ses oreilles, ce cri a ouvert ses yeux, pour aller frapper et abattre ce cœur plus téméraire que fort, — d'autant plus faible qu'il se confiait en lui, tandis qu'il ne devait se confier qu'en vous ! A peine a-t-il vu le sang, qu'il y boit la cruauté. Il ne détourne plus, mais fixe son regard; inconscient, il savoure ces fureurs, se complaît à ces combats criminels et s'enivre de cette volupté féroce. Ce n'est plus l'homme venu tout à l'heure; c'est quelqu'un de ceux à la foule desquels il se mêle, digne compagnon des amis qui l'ont entraîné.

Que dirai-je encore? Il regarde, il crie, il s'enflamme, emportant du cirque une folle impatience d'y revenir, non plus traîné de force par les autres, mais à leur tête et les entraînant à son tour.

De là cependant, ô mon Dieu, votre main puissante et miséricordieuse l'a retiré, et vous lui avez appris, — longtemps après toutefois, — à ne pas mettre sa confiance en lui, mais en vous (1).

III

CEPENDANT ce souvenir resta dans sa mémoire comme un préservatif pour l'avenir. Ceci me rappelle un autre fait qui survint quand il étudiait à mon école, à Carthage. Il se promenait vers le milieu du jour, sur le Forum, pensant à une déclamation qu'il devait prononcer, comme exercice d'école,

(1) Livre vi, c. 8.

quand il fut pris pour un voleur par les gardes du palais. Vous l'aviez permis, mon Dieu, sans doute afin que cet homme qui devait être un jour si grand, commençât dès lors à comprendre que l'homme constitué juge d'un homme ne doit condamner personne témérairement et à la légère.

Il se promenait donc seul avec ses tablettes et son stylet, quand un jeune écolier, franc voleur, celui-là, survint avec une hache qu'il cachait. A l'insu d'Alypius, il va droit à des barreaux de plomb en saillie sur les devantures des orfèvres, et se met à les couper. Au bruit de la hache, les orfèvres crient de l'intérieur et lancent des gens à la poursuite de celui qu'ils trouveraient. Le voleur les entend et s'enfuit, abandonnant son instrument, dans la crainte de se voir pris armé. Alypius, qui n'avait pas remarqué sa venue, le voit prendre la fuite à toutes jambes. Curieux d'en savoir le motif, il s'approche des barreaux, aperçoit la hache et se met à la considérer. Ceux qui couraient après le voleur trouvèrent Alypius seul, et dans sa main l'outil dont le bruit avait donné l'alarme.

On le saisit, on l'entraîne, les voisins s'assemblent, on se montre triomphalement le voleur pris en flagrant délit, on le conduit au juge.

Mais là devait s'arrêter la leçon. Car aussitôt, Seigneur, vous vîntes au secours de l'innocence dont vous aviez été le seul témoin. Pendant qu'on le menait à la prison ou au supplice, on rencontre un architecte spécialement chargé de l'entretien des monuments publics.

Ceux qui tenaient Alypius s'en réjouissent d'autant plus que l'architecte les avait soupçonnés eux-mêmes des vols commis au Forum. Il allait en connaître enfin le véritable auteur. Or cet homme avait vu plusieurs fois Alypius chez un sénateur qu'il allait souvent saluer. Il le reconnaît, le prend par la main, le tire à part, lui demande la cause d'un tel tumulte et apprend ce qui s'est passé.

Cependant la foule s'émeut, crie et menace; l'architecte commande qu'on le suive. On passe devant la maison du jeune homme coupable. Un esclave se tenait sur le seuil; trop jeune pour être retenu par la crainte de compromettre son maître, qu'il avait accompagné sur le Forum, il raconte tout sans hésiter. Alypius le voit et le désigne à l'architecte; celui-ci, montrant la hache à l'enfant, lui demande à qui elle est. — A nous, répond aussitôt celui-ci. On l'interroge encore et l'on découvre tout le reste. Ainsi le vol retomba sur cette maison, à la confusion de la multitude, qui déjà triomphait d'Alypius. Futur dispensateur de votre parole et juge de tant d'affaires dans votre Église, il sortit de ce danger avec plus d'expérience et plus de sagesse (1).

(1) Livre VI, c. 9.

IV

Je l'avais donc retrouvé à Rome, où notre amitié devint si étroite qu'il me suivit à Milan, pour ne me pas quitter, et aussi pour mettre à profit ce qu'il avait acquis de science du droit, par déférence pour ses parents beaucoup plus que par goût.

Trois fois déjà il avait exercé des charges publiques, étonnant par son désintéressement ceux qu'il voyait avec surprise préférer l'or à la probité. On avait mis sa fermeté à l'épreuve en déployant toutes les ressources de la séduction et de la terreur. Ainsi, du temps qu'il remplissait à Rome les fonctions d'assesseur auprès du comte préposé aux finances d'Italie, il arriva qu'un sénateur très puissant qui avait pour clients tous ceux qu'enchaînaient ses largesses ou qu'effrayait son crédit, voulut se permettre je ne sais quoi d'illicite, en homme accoutumé à ne pas rencontrer d'obstacle. Alypius s'y oppose. On lui fait des promesses, il les dédaigne; des menaces, il les méprise. Tous admirent cette constance rare qui ni ne recherche l'amitié, ni ne redoute la haine d'un homme si haut placé, bien connu pour avoir mille moyens d'être utile ou de nuire. Le magistrat lui-même, dont Alypius était le conseiller, quoique opposé à cette injuste prétention, n'osait cependant se déclarer ouvertement ; mais, laissant toute la responsabilité à Alypius, il prétextait sa résistance. Et en effet, si le juge eût cédé, Alypius était décidé à résigner sa charge.

Son amour pour les lettres seul faillit le séduire. Il eût pu, avec les gains du prétoire, se procurer des livres ; mais, en prenant conseil de la justice, il changea de résolution, aimant mieux ne pas blesser l'équité qui défend, que de profiter de l'occasion qui sollicite.

Cela est peu de chose sans doute ; mais *qui est fidèle dans les petites choses, l'est aussi dans les grandes* (1), et rien ne saurait démentir l'oracle sorti de la bouche de votre Vérité : *Si vous n'avez pas été fidèle dispensateur d'un faux trésor, qui vous confiera le véritable? si vous n'avez pas été fidèle dépositaire du bien d'autrui, qui vous rendra celui qui est à vous* (2)?

Tel était l'homme si intimement lié avec moi, et comme moi irrésolu sur la route à suivre.

Nébridius avait, lui aussi, quitté sa patrie, voisine de Carthage, Carthage même où il vivait d'ordinaire, son patrimoine fort considérable, sa maison, sa mère qui ne le devait point suivre, tout enfin, pour venir à Milan vivre avec moi, et poursuivre avec une ardeur passionnée la vérité et la sagesse ; comme

(1) Saint Luc, xvi, 10.
(2) Saint Luc, xvi, 11, 12.

moi il soupirait, il flottait comme moi, ardent à la recherche de la vie bienheureuse, scrutateur subtil des plus difficiles problèmes.

Nous étions trois affamés, ouvrant la bouche ensemble pour plaindre notre misère, et pour attendre la nourriture que vous deviez nous donner en temps opportun. Et dans l'amertume dont votre miséricorde abreuvait notre vie mondaine, considérant le but de nos souffrances, nous ne trouvions plus que ténèbres. Nous nous détournions en gémissant et nous disions : Jusques à quand ?... Et tout en le répétant, nous ne quittions rien de ce que nous avions, parce qu'il ne nous apparaissait rien que nous pussions saisir en abandonnant le reste (1).

(1) Livre VI, ch. 10.

CHAPITRE DOUZIÈME

LUTTES INTIMES. — VAGUES PROJETS DE VIE PARFAITE.

UGUSTIN, livrant au fond de son cœur les plus douloureux combats, éprouvait la vérité de cette divine parole : La chair a des désirs contraires à l'esprit, l'esprit a des désirs contraires à la chair : tous les deux sont en guerre (1).

« *Guerre bien rude, disait plus tard le saint docteur, et d'autant plus pénible qu'elle est intérieure ! O homme, le péché a mis la division en toi ; tu trouves en toi qui combattre, et de qui triompher. Mais tu as aussi quelqu'un à prier. Celui qui t'a créé quand tu n'étais pas, te soutient dans tes combats et te couronne dans ta victoire (2).* »

Cependant la grâce peu à peu domptait la nature. Augustin se prenait à rêver une vie de pénitence et de solitude. Celui qui, dans les desseins de Dieu, devait être un des patriarches de la vie religieuse, se préparait, sans le savoir, à cette haute vocation par des aspirations généreuses, mais encore inefficaces. Un jour viendra qu'il pourra parler par expérience

(1) *Epître de saint Paul aux Galates,* c. v, v. 17.
(2) *Enarratio in* Psalm, CXLIII, n. 5.

du bonheur et du mérite qu'il y a pour un chrétien à quitter entièrement le monde et à se donner tout à Dieu. Alors il dira les vertus héroïques de ces saints anachorètes qui, « cachés absolument aux regards des hommes, contents d'un peu de pain et d'eau, peuplent les déserts et là, jouissant des entretiens de Dieu auquel s'attache leur âme pure, contemplent avec bonheur cette beauté qui ne se révèle qu'aux seuls élus ». Il ne louera pas moins les cénobites qui, « méprisant et fuyant les délices du monde, unis dans la communauté d'une vie très chaste et très sainte, s'occupent à la prière, à la lecture, aux conversations pieuses, ignorant l'enflure de l'orgueil, le trouble de l'obstination, la fièvre de l'envie, toujours modestes, humbles, pacifiques, étroitement liés entre eux par la concorde, à Dieu par la méditation. Ces mœurs, cette vie, cet ordre, cette institution monastique, ajoute l'incomparable docteur, je ne saurais assez les louer, et je craindrais de paraître croire que la simple vérité ne suffise pas et qu'il soit nécessaire de l'embellir avec l'emphase du panégyrique » (1).

(1) *De moribus Ecclesiæ catholicæ*, Lib. I, c. 21.

I

Rɪᴇɴ n'égalait la surprise que j'éprouvais au souvenir du long temps écoulé depuis mes dix-neuf ans. A cet âge, j'étais épris d'un ardent amour pour la sagesse, résolu à renoncer, dès que je l'aurais trouvée, aux espérances vaines et aux mensonges des folles passions.

Or ma trentième année était accomplie, et je restais embourbé dans la même fange, avide de jouir des choses présentes, biens éphémères qui dissipaient mon âme ! Je disais : Demain je trouverai, demain la vérité m'apparaîtra et je la saisirai. Et puis Faustus va venir, il éclaircira tout. O grands hommes de l'Académie, pour régler notre vie, il n'est aucun principe certain !

— Non, cherchons mieux, ne désespérons pas. Voici déjà que les prétendues absurdités de l'Écriture ne sont plus des absurdités. Interprétées autrement, elles satisfont la raison. Arrêtons-nous sur ce seuil où, enfant, mes parents m'avaient déposé, jusqu'à ce que se lève le plein jour de la vérité.

— La vérité ? Mais où, mais quand la chercher ? Ambroise n'a pas le loisir de m'entendre, ni moi celui de lire. Puis, les livres, où les prendre ? quand et comment s'en procurer ? à qui les emprunter ?

— Réglons le temps, ménageons-nous des heures pour le salut de l'âme. J'ai vu poindre une grande espérance ! La foi catholique n'enseigne pas ce que j'imaginais, ce dont ma vanité l'accusait. Ceux qui la connaissent regardent comme une impiété de limiter Dieu aux formes du corps humain. Et j'hésite à frapper pour que la porte me soit entièrement ouverte ? La matinée est à mes disciples ; soit ! Que fais-je le reste du jour ? Pourquoi cette négligence des intérêts éternels ?

— Et quand rendre visite à ces amis puissants dont le crédit m'est nécessaire ? quand préparer ces classes que me paient mes élèves ? quand donner quelque relâche à mon esprit, fatigué de tant de soins ?

— Périsse tout le reste ! Loin de moi ces vanités et ce néant ! Appliquons-nous uniquement à la recherche de la vérité. Misérable est cette vie ; incertaine est l'heure de la mort. Qu'elle survienne à l'improviste, en quel état quitterons-nous le monde ? où apprendrons-nous ce que nous avons négligé de savoir ? Cette négligence, ne faudra-t-il pas l'expier ?

— Et si la mort supprime avec la vie toute inquiétude ? s'il n'y a rien au delà ?

— Encore dois-je m'en enquérir ! Mais non, il n'en est rien. Ce n'est pas en vain que la foi chrétienne étend sur l'univers entier son autorité souveraine. Dieu aurait-il fait pour nous tant de merveilles si l'âme devait périr avec le corps ? Que tardons-nous à renoncer aux espérances du siècle, pour nous vouer entièrement à la recherche de Dieu et de la vie heureuse ?

— Attendons un peu... Les choses du temps ont bien aussi leurs charmes. Assez grande est leur douceur. Ne les quittons pas à la légère : il serait honteux d'y revenir. Je suis à la veille d'obtenir une charge honorable; que pourrais-je dès lors souhaiter ? J'ai des amis nombreux et puissants, et quelque hâte que je mette à borner mes désirs, je puis au moins obtenir une présidence de tribunal. J'épouse alors une femme qui ait quelque bien, afin de ne pas vivre dans la gêne. Telle sera toute mon ambition. Combien d'hommes illustres, dignes de servir de modèles, se sont, dans le mariage, adonnés à la sagesse !

Ainsi disais-je ; et, au souffle de ces vents contraires, mon cœur ballotté passait d'un extrême à l'autre. Et le temps s'écoulait, et je tardais à me convertir à vous, Seigneur, mon Dieu ! Je différais de jour en jour à vivre en vous, et de plus en plus la mort s'emparait de moi. Aimant la vie bienheureuse, j'appréhendais le lieu où elle réside ; je la fuyais en la cherchant. Je croyais que je serais trop malheureux de vivre dans la continence, et je ne pensais pas, pour guérir ma misère, au remède de votre miséricorde. Je n'en avais pas fait l'expérience; je croyais qu'on devient chaste par ses propres forces, et j'ignorais, insensé ! qu'il est écrit : *Nul ne peut être chaste, si vous ne lui en faites le don* (1).

(1) *Livre de la sagesse*, viii, 21.

Vous me l'auriez accordé, Seigneur, si les gémissements de mon cœur avaient frappé votre oreille; si, appuyé sur une foi solide, j'avais jeté toutes mes inquiétudes en vous (1).

II

Oɴ pressait activement l'affaire de mon mariage. J'avais fait une demande; j'étais agréé. Ma mère y mettait tout son zèle, d'autant que le mariage semblait devoir me conduire au baptême du salut. Elle voyait avec bonheur que je m'en approchais davantage et que ma profession de foi allait accomplir ses vœux et vos promesses. Mais lorsque, à ma prière et selon l'instinct de ses désirs, son cœur vous suppliait à grands cris de lui révéler quelque chose de cette future union, vous ne consentîtes jamais à l'exaucer. Elle voyait de vaines et fantastiques images, enfantées par les préoccupations de son esprit. Elle me les racontait sans en faire cas, sans témoigner cette confiance qui l'animait quand vous lui aviez réellement parlé. Je ne sais quel goût ineffable l'aidait, disait-elle, à discerner vos révélations d'avec les rêves de son âme.

(1) Livre ᴠɪ, c. ɪɪ.

On pressait donc mon mariage : la demande était faite ; mais il s'en fallait de deux ans que la jeune fille fût nubile, et, comme elle me plaisait, on prit le parti d'attendre (1).

III

Nous étions plusieurs amis ensemble, qui, maudissant dans nos entretiens les fatigantes agitations de la vie humaine, étions presque décidés à nous retirer de la foule pour vivre dans un tranquille loisir. Notre plan était de mettre en commun ce que nous pouvions avoir, comme le patrimoine d'une seule famille, une sincère amitié supprimant le tien et le mien et faisant jouir chacun du bien de tous et tous du bien de chacun.

Nous espérions nous réunir dix environ ; plusieurs de nous étaient fort riches, Romanianus en particulier, citoyen du même municipe, dès l'enfance mon fidèle ami, que les soucis de grandes affaires avaient attiré à la cour de l'empereur. Il était le plus ardent à presser l'exécution de ce dessein, et il nous le persuadait avec d'autant plus d'autorité que sa fortune surpassait de beaucoup celle de tous les autres.

(1) Livre VI, c. 13.

Nous avions décidé que deux d'entre nous seraient chargés, comme magistrats annuels, de l'administration des affaires, les autres vivant en repos. Mais, quand on vint à se demander si les femmes consentiraient à ce projet, — plusieurs de nous étaient mariés, d'autres songeaient à l'être, — tout ce beau plan où nous nous complaisions s'écroula entre nos mains et nous en rejetâmes les débris.

Et nous voilà livrés de nouveau aux soupirs, aux gémissements, égarés dans les voies du siècle larges et battues, en proie aux mille fluctuations de nos pensées, devant l'éternelle stabilité de vos conseils. De cette hauteur, riant de nos résolutions, vous prépariez les vôtres, *attendant le moment opportun pour nous donner la nourriture et pour ouvrir la main qui allait nous combler de bénédictions* (1).

Cependant, mes péchés se multipliaient et, quand on vint arracher de mes côtés, comme un obstacle à mon mariage, celle avec qui je m'étais accoutumé à vivre, il fallut me déchirer le cœur, et la blessure saigna longtemps.

Elle, à son retour en Afrique, fit vœu de garder désormais une continence inviolable. Elle me laissait un fils (2).

Moi, malheureux, incapable d'imiter même une femme, trop impatient pour attendre deux années l'épouse qui m'était promise, sans goût pour le ma-

____

(1) Psaume 164. — *Confess.* Liv. vi, c. 14.
(2) *Adeodatus*, dont il sera question plus loin.

riage, mais encore esclave de la volupté, je me liai d'une nouvelle chaîne, nourrissant ainsi, irritant mon mal et marchant en compagnie de cette habitude criminelle jusqu'au seuil du foyer conjugal.

La blessure que m'avait faite la première séparation n'en fut pas guérie ; seulement, après de cuisantes douleurs, la gangrène envahissait l'abcès qui, pour être moins sensible, n'était que plus inguérissable (1).

IV

A vous l'honneur, à vous la gloire, ô source des miséricordes ! Je devenais de plus en plus misérable, et vous vous rapprochiez toujours de moi. Vous avanciez déjà la main qui allait me retirer et me laver de cette fange, et je ne m'en doutais pas. Rien ne me rappelait du fond de l'abîme des plaisirs charnels que la crainte de la mort et de votre jugement futur, crainte que tant de doctrines contraires n'avaient pu bannir de mon cœur.

Et je discutais avec mes amis Alypius et Nébridius sur la fin des biens et des maux. J'aurais accepté, disais-je, la doctrine d'Épicure, si je n'avais pas cru fermement qu'après la mort, l'âme survit et doit

(1) Livre VI, c. 15.

rendre compte de ses actions, vérité qu'Épicure n'admit jamais. Si nous étions immortels, leur demandais-je, vivant dans une perpétuelle volupté des sens, sans craindre de la perdre jamais, pourquoi ne serions-nous pas heureux, ou pourquoi chercherions-nous autre chose?

Et je ne voyais pas que cette pensée même témoignait de ma profonde misère! J'étais si plongé dans le gouffre et si aveugle, que je n'apercevais pas les splendeurs de la pureté, beauté chaste qu'il faut embrasser sans passion, qui, invisible à un regard charnel, ne se révèle qu'aux yeux du cœur.

Je ne soupçonnais pas, malheureux, de quelle source me venait le plaisir que je prenais à deviser doucement avec mes amis de ces honteuses misères. Car, au sein même des joies charnelles, même selon l'homme sensuel d'alors, je n'aurais pu vivre heureux sans les amis que j'aimais et qui m'aimaient avec un égal désintéressement.

O voies tortueuses! Malheur à l'âme téméraire qui, en se retirant de vous, ô mon Dieu, espère trouver mieux que vous! Elle se tourne, elle se retourne en vain sur sa couche; tout lui est dur. C'est que vous seul êtes son repos! Soudain, vous vous montrez, et vous nous délivrez de nos misérables erreurs; vous nous placez dans votre voie, vous nous consolez et vous nous dites : « Cours, je te soutiendrai, je te mènerai au terme, et là, je te soutiendrai encore » (1).

(1) Livre vi, c. 16.

CHAPITRE TREIZIÈME

PLATON ET L'ÉVANGILE.

'HEURE de la délivrance allait enfin sonner. Augustin qui, jusqu'à ce moment, n'avait joui que de la liberté des rebelles (1), se disposait, sous l'influence de la grâce divine, à secouer le joug de l'erreur et du vice.

C'était donc une double victoire à remporter. L'esprit n'avait pas moins besoin de conversion que le cœur. L'intelligence était trouble et la volonté faible; à l'une la vérité paraissait inaccessible, la vertu impossible à l'autre.

Suivons attentivement les phases de cet héroïque combat; il n'est pas au monde de plus beau spectacle, il n'est pas d'histoire plus instructive, plus consolante. C'est une grande âme, misérablement déchue, qui se débat, s'abandonne, puis se relève, luttant tout à la fois contre la grâce qui l'attire et contre la passion qui la retient, et tombe enfin, glorieusement vaincue,

(1) Bossuet, *sermon pour une vêture,*

aux pieds de Dieu qui ne triomphe d'elle que pour la sauver.

Dans les trois chapitres qui vont suivre, Augustin nous raconte comment son esprit, de l'abîme, de l'erreur et du doute, remonta peu à peu vers la pleine lumière de la certitude et de la vérité.

C'était un miracle, Dieu seul pouvait l'accomplir. Du côté de l'homme, comme condition préalable, il fallait avant tout que l'orgueil de la raison fît place à l'humilité de la foi.

Une cruelle expérience avait guéri le jeune savant de sa présomption; à ses dépens il avait appris que toutes les leçons des philosophes ne valent pas une page de l'Évangile. Aussi, quand, pour le séduire, on lui mit entre les mains ce que Platon et ses disciples avaient écrit de plus sublime sur la nature divine et l'âme humaine, Augustin, sans méconnaître la part de vérité contenue dans leurs livres, n'eut pas de peine à discerner ce que leurs systèmes offraient d'incohérent, de confus et d'incomplet.

Platon parlait de Dieu en termes magnifiques, mais il n'indiquait pas le chemin qui mène à lui. Platon avait entrevu le Verbe divin, mais il ignorait le Verbe fait chair, habitant parmi nous. Platon avait annoncé quelque chose du Logos éternel, mais il se taisait sur les abaissements du Dieu crucifié, mort par amour. Il ne savait pas qu'il est Celui qui a dit : Je suis la voie, la vérité, la vie, *et qui, par son exemple mieux encore que par sa parole, nous prêche l'humilité et la douceur.*

Ce que Platon n'avait pas enseigné, Augustin
le lisait dans l'Evangile, dont chaque
mot tombait sur son esprit altéré
de vérité, comme la rosée
sur une terre stérile
et sans eau.

I

Elle était morte, mon adolescence perverse et criminelle. J'entrais dans la jeunesse (1), et plus j'avançais en âge, plus je m'égarais en de honteuses chimères. Je ne pouvais, en effet, concevoir de substance que celle qui se voit par les yeux du corps. Je ne vous prêtais plus, il est vrai, ô mon Dieu, la forme humaine ; depuis que j'avais commencé d'ouvrir l'esprit à la sagesse, j'avais toujours fui cette erreur, et je me réjouissais de la voir condamnée par la foi de votre Église catholique, notre mère spirituelle. Mais quelle autre idée me faire de vous, je l'ignorais, et je m'évertuais à vous comprendre, homme que j'étais, et quel homme ! vous le souverain, le seul et vrai Dieu. Du fond du cœur je vous croyais un être incorruptible, inviolable, immuable ; car, sans savoir ni comment ni pourquoi, je voyais avec évidence que ce qui ne peut changer, ni s'altérer, ni se corrompre, est plus parfait, plus excellent que ce qui est sujet au changement, à l'altération, à la corruption.

Mon cœur protestait de toutes ses forces contre les fantômes qui l'obsédaient, et je cherchais à dissiper

(1) Augustin commençait sa trente et unième année.

d'un seul coup cet essaim d'images grossières qui voltigeait devant mon regard. A peine dispersé, il revenait soudain fondre sur mon esprit et l'aveuglait. Ainsi, sans vous attribuer la forme humaine, je ne pouvais me débarrasser de l'idée d'une substance corporelle pénétrant le monde dans toute son étendue et répandue, même au delà, dans les espaces infinis. Cette substance, je la tenais pour incorruptible, inviolable, immuable et, par conséquent, bien supérieure à tout ce qui ne l'est pas. Je pensais ainsi, parce que ce qui n'a pas d'étendue ne me semblait plus qu'un rien, mais un rien absolu, et non pas seulement ce vide que ferait dans l'étendue la disparition de tout corps, céleste ou terrestre, en sorte qu'il ne demeurât qu'une simple vacuité, un néant spacieux (1).

II

CEPENDANT, ô mon libérateur, vous ne permettiez pas au tumulte de mes pensées de me troubler dans la ferme foi à votre existence, à votre essence immuable, à votre Providence, à votre justice envers les hommes, à votre Fils Jésus-Christ, Notre-Seigneur, à vos Saintes Écritures, qui, recommandées

(1) Livre VII, c. 1er.

à notre vénération par l'autorité de votre Église catholique, nous tracent la voie du salut et de la vie éternelle au delà de la mort.

Rien n'ébranlait ces convictions profondément gravées dans mon âme; mais je m'épuisais à résoudre le grand problème de l'origine du mal. Quels n'étaient pas les tourments de mon cœur en travail! Quels n'étaient pas mes gémissements, ô mon Dieu! Vous y prêtiez l'oreille, et je l'ignorais. Mes ardentes et muettes recherches étaient autant de cris poussés vers votre miséricorde. Seul, vous saviez mes souffrances, inconnues à tous les hommes. Qu'était-ce, en effet, que le peu qui, de mes lèvres, arrivait à l'oreille de mes plus intimes amis? Que pouvaient-ils deviner des grands orages de mon âme, quand le temps manquait à les décrire et les mots à les exprimer? Mais rien n'échappait à votre oreille des rugissantes lamentations de mon cœur. *Mon désir était devant vous, et la lumière de mes yeux n'était plus avec moi* (1). Car cette lumière est au dedans, et j'étais hors de moi-même. Il n'est pas de lieu pour elle, et moi je ne voyais que les choses contenues dans l'espace, et je n'y trouvais pas où me reposer; et je n'y pouvais demeurer et dire : *Cela suffit, je suis bien;* et il ne m'était plus permis de revenir où j'aurais été mieux.

C'est que, supérieur à tous ces objets créés, je suis

____

(1) Psaume 37, v. 11.

inférieur à vous, et que ma vraie joie est de me soumettre à vous, qui m'avez soumis tout le reste.

Tel était pour moi le juste tempérament, la région
moyenne où j'aurais trouvé le salut. Je devais rester
votre image et, en vous servant, m'asservir mon
corps. Mais, hélas! pour m'être révolté contre vous
dans mon orgueil, *pour m'être élancé contre mon
Seigneur sous le bouclier d'un cœur endurci* (1), je
sentais ces infimes créatures s'élever au-dessus de
moi et m'opprimer sans trêve, sans relâche. Leur
foule tumultueuse offusquait mon regard. Si j'essayais de rentrer dans ma pensée, leurs images me
barraient le chemin et semblaient me dire : *Où vas-
tu, indigne, infâme?*

Tels étaient les maux que me causait ma blessure;
car, *blessé par l'orgueil, vous m'aviez humilié* (2);
ma vanité m'éloignait de vous, et l'enflure de ma
face me fermait les yeux (3).

III

SEIGNEUR, vous demeurez éternellement, mais votre
colère contre nous n'est pas éternelle, puisque
vous avez eu pitié de moi, qui suis poussière et cen-

(1) Job, xv, 26.
(2) Psaume 88, v. 11.
(3) Livre vii, c. 7.

dre, et que votre regard a daigné réformer toutes mes difformités. Vous piquiez mon cœur d'un secret aiguillon, pour entretenir son impatience, jusqu'à ce que vous vous fussiez manifesté avec certitude à son regard. Mon enflure diminuait au secret contact de votre main bienfaisante, et l'œil de mon âme, trouble et ténébreux, était peu à peu guéri par le collyre cuisant de mes salutaires douleurs (1).

IV

Et voulant d'abord me faire connaître comment *vous résistez aux superbes et donnez votre grâce aux humbles* (2), et quels trésors de miséricorde a répandus sur la terre l'humilité de votre *Verbe fait chair et habitant parmi nous* (3), vous avez permis qu'un homme, enflé d'un monstrueux orgueil, me remît plusieurs ouvrages de platoniciens, traduits du grec en latin (4), où j'ai lu cette affirmation, non en propres termes, mais identique pour le sens et appuyée de nombreuses raisons, qu'*au commencement était le Verbe; que le Verbe était en Dieu, et que le Verbe était Dieu; qu'il était au commencement*

(1) Livre vii, c. 8.
(2) Epître de S. Jacques, iv, 6.
(3) Evang. selon saint Jean, c. 1.
(4) Par le rhéteur Victorinus, dont il sera question plus loin.

en Dieu, que tout a été fait par Lui et rien sans Lui ;
que ce qui a été fait a la vie en Lui ; que la vie est la
lumière des hommes, que cette lumière luit dans les
ténèbres et que les ténèbres ne l'ont point com-
prise. — J'y ai lu encore que l'âme de l'homme,
tout en rendant témoignage à la Lumière, n'était pas
elle-même la Lumière, mais que le Verbe de
Dieu, Dieu lui-même, *est la vraie Lumière qui
éclaire tout homme venant en ce monde, que le monde
a été fait par Lui, et que le monde ne l'a pas connu.*

Mais *qu'il soit venu chez lui, et que les siens ne
l'aient pas reçu, et qu'à ceux qui l'ont reçu, à ceux*
qui croiront en son nom, *il ait donné le pouvoir d'être
faits enfants de Dieu* (1), c'est ce que je n'ai pas
trouvé dans ces livres.

J'y ai lu encore : *Le Verbe-Dieu est né, non de la
chair, ni du sang, ni de la volonté de l'homme, ni de
la volonté de la chair : il est né de Dieu.* — Mais que
le Verbe se soit *fait chair et qu'il ait habité parmi
nous,* c'est ce que je n'y ai point vu.

J'ai découvert aussi plus d'un passage témoi-
gnant par diverses expressions que le Fils, consub-
stantiel au Père, *n'a pas cru faire un larcin en étant
l'égal de Dieu,* parce qu'il n'est pas autre par sa nature. — Mais qu'*il se soit anéanti jusqu'à prendre
la forme d'esclave, qu'il se soit fait à la ressemblance
de l'homme, qu'il ait été trouvé homme dans tout ce
qui a paru de lui, qu'il se soit humilié et se soit fait*

(1) Saint Jean, c. 1.

obéissant jusqu'à la mort, à la mort de la Croix ; et que, pour cela même, Dieu l'ait ressuscité des morts et lui ait donné un nom au-dessus de tout autre nom, afin qu'à ce nom de Jésus tout genou fléchisse, au ciel, sur la terre, dans les enfers, et que toute langue confesse que Jésus Notre-Seigneur est dans la gloire de Dieu son père (1) ; c'est ce que ces livres ne disent pas.

Que votre Fils unique est avant tous les temps, qu'il demeure immaculé, supérieur à tous les changements, coéternel à vous ; que, pour être heureuses, *les âmes reçoivent de sa plénitude* et que, pour être sages, elles se renouvellent en communiant à la sagesse qui est en lui (2) ; tout cela est proclamé par ces philosophes.

Mais que Jésus *soit mort dans le temps pour les impies ; que vous n'ayez pas épargné votre Fils unique, le livrant pour nous tous* (3) : voilà ce qu'ils n'ont pas su.

V

Vous avez caché ces choses aux sages et les avez révélées aux petits, afin de faire venir au Sauveur les souffrants et les accablés, pour qu'il les soulage.

(1) Epître aux Philippiens, II, 6-11.
(2) S. Jean, I, 16.
(3) Ep. aux Rom. V, 6 ; VIII, 32.

Car il est doux et humble de cœur, il conduit les hommes humbles et doux dans la justice, et, à la vue de notre humilité et de nos souffrances, il nous remet nos péchés.

Mais ceux qui, dans leur orgueil, se haussent sur le cothurne d'une doctrine soi-disant plus sublime, n'entendent pas Jésus nous dire : *Apprenez de moi que je suis doux et humble de cœur, et vous trouverez le repos de vos âmes* (1). S'ils connaissent Dieu, ils ne le glorifient pas, ils ne le bénissent pas comme Dieu ; ils s'évanouissent dans leurs pensées, leur cœur insensé s'aveugle et, se proclamant sages, ils deviennent fous (2).

Ainsi, cette lecture même me montrait la gloire de votre incorruptible Majesté, transportée à des idoles, aux statues faites à la ressemblance de l'homme corruptible, à l'image des oiseaux, des bêtes et des serpents (3) : fatal mets d'Egypte qui fit perdre le droit d'aînesse à Esaü, c'est-à-dire au peuple d'Israël, votre premier-né, qui, le cœur tourné vers la terre de Pharaon, courbe son âme, votre image, devant l'image d'un veau qui rumine son foin !

Voilà ce que je trouvai dans ces livres, mais je repoussai cette vile pâture. Car il vous plut, Seigneur, de lever l'opprobre de Jacob et de soumettre l'aîné au plus jeune ; et vous avez appelé les Nations à votre héritage.

(1) Saint Matthieu, xi, 29.
(2) Epître aux Romains, i, 21, 23.
(3) *Ibid.*

J'étais venu vers vous, sortant des rangs de la
Gentilité, et mes désirs se portaient vers l'or que,
sur votre ordre, votre peuple emporta de la maison
de servitude, parce qu'il était à vous, où qu'il fût.
N'avez-vous pas dit aux Athéniens, par votre Apôtre, qu'en vous *nous avons la vie, le mouvement et
l'être* (1), comme quelques-uns d'entre eux l'avaient
déjà dit ? Ce qu'il y avait de vrai dans ces livres venait du même trésor. Je ne m'arrêtai donc pas devant
ces idoles de l'Égypte, auxquelles ces insensés présentaient votre or en offrande, transformant la vérité
divine en mensonge et rendant à la créature le culte
et l'hommage dus au créateur (2).

(1) Actes des Apôtres, xvii, 28.
(2) Livre vii, c. 9.

CHAPITRE QUATORZIÈME.

ASCENSION DE L'AME VERS DIEU.

AYANT donc fermé les livres de la sagesse humaine, Augustin se mit docilement sous la conduite de Dieu. Guidé par la grâce, il entra en lui-même et se mit à parcourir avec étonnement et admiration ce monde inexploré.

Il trouva son âme, et dans son âme Dieu qui l'éclairait, comme le soleil illumine et féconde la terre. Mais c'était de loin, de bien loin qu'il entrevoyait la splendeur divine et qu'il percevait, comme un écho, la voix qui lui criait : Je suis la nourriture des forts ; grandis, et tu me mangeras...

Et cette voix fit évanouir tous ses doutes. Il crut désormais à la vérité, à la vérité qui est Dieu même.

Puis, à la clarté qui purifiait son regard, il vit toutes les choses créées et reconnut que, puisqu'elles sont et que Dieu les a faites, elles ont une bonté réelle, bien que finie. Il comprit dès lors que le mal physique est chose relative et le plus souvent apparente, que le mal moral ou le péché n'est que la perversion d'une volonté rebelle.

Et il écoutait en silence toutes les créatures chan-

ter, au ciel et sur la terre, un hymne harmonieux à
la gloire du Dieu infiniment puissant, sage et bon.
— Et il montait toujours, il montait des choses
corporelles aux esprits, du changeant à
l'immuable, du fini à l'infini, con-
templant dans le miroir des
choses visibles un loin-
tain reflet de
l'Invisible.

I

Ainsi averti de revenir à moi-même, j'entrai, sous votre conduite, dans le plus intime de mon être. J'en fus capable, aidé de votre secours. J'entrai, et j'aperçus de l'œil intérieur, quelque faible qu'il fût, et au-dessus de cet œil intérieur, au-dessus de mon intelligence, la Lumière immuable : lumière qui n'est point ce soleil vulgaire, visible au regard charnel, ni quelque autre de même nature, dardant d'un plus vaste foyer de plus vifs rayons et remplissant l'espace de sa grandeur. Elle est bien différente ! de tout cela rien ne lui ressemble.

Elle n'était pas au-dessus de mon esprit comme l'huile est au-dessus de l'eau, le ciel au-dessus de la terre ; elle m'était supérieure, parce que c'est elle qui m'a fait ; je lui étais inférieur, parce que je suis son ouvrage.

Qui voit la vérité connaît cette lumière, et qui voit cette lumière, connaît l'éternité. — La charité la contemple !

O éternelle vérité ! ô vraie charité ! ô chère éternité ! Vous êtes mon Dieu ! Après vous je soupire le jour et la nuit. Dès que je vous ai connue, vous m'avez soulevé pour me faire voir qu'il me restait infiniment à voir et que je n'étais pas encore capable de voir.

Et vous éblouissiez ma faible vue de vos splendeurs, me pénétrant de vos rayons, et je frissonnais d'amour et de crainte.

Je me trouvais bien loin de vous, dans une région ténébreuse où j'entendais à peine votre voix descendre d'en haut : *Je suis*, disait-elle, *la nourriture des forts; grandis, et tu me mangeras. Et tu ne me changeras pas en toi, comme l'aliment de ton corps; c'est toi qui seras changé en moi.*

J'appris alors que vous éprouviez l'homme à cause de son iniquité et qu'ainsi *vous aviez fait sécher mon âme comme l'araignée* (1). Et je disais : N'est-ce donc rien que la vérité, puisqu'elle ne s'étend à mes yeux ni dans l'espace fini, ni dans l'infini ?

Et vous m'avez crié de loin : Erreur ! *Je suis celui qui est.*

Cette voix que j'entendis dans mon cœur fit évanouir tous mes doutes. J'eusse plutôt douté de ma vie que de l'existence de la vérité, de cette vérité qui se révèle à l'intelligence au moyen des créatures visibles (2).

II

En arrêtant ma vue sur toutes les choses au-dessous de vous, je reconnus qu'on ne saurait dire ni qu'elles sont absolument, ni qu'absolument elles ne

(1) Psaume XXVIII, 12.
(2) Liv. VII, c. 10.

sont pas. Elles sont, puisqu'elles tiennent l'être de vous; elles ne sont pas, parce qu'elles ne sont point ce que vous êtes. Car cela seul est vraiment, qui demeure immuablement.

Tout mon bien est donc de m'attacher à Dieu (1); car, si je ne subsiste en lui, je ne pourrai non plus subsister en moi. C'est lui qui, immuable en lui-même, renouvelle toutes choses.

O mon Dieu, vous êtes mon Seigneur, parce que vous n'avez pas besoin de mes biens (2).

Il me parut évident que toutes les choses qui se corrompent ont quelque bonté. Car, souverainement bonnes ou absolument mauvaises, elles ne seraient pas capables de corruption. Ce qui est infiniment bon est incorruptible; ce qui n'a aucun degré de bonté ne saurait rien perdre. La corruption nuit, et comment nuirait-elle sans diminuer le bien? Donc, ou la corruption n'est pas nuisible, ce qui ne se peut; ou, ce qui est indubitable, tout ce qui se corrompt est privé d'un bien.

Être privé de tout bien, c'est le néant. Être, et ne plus pouvoir se corrompre, est un état meilleur: la permanence dans l'incorruptibilité. Quoi de plus extravagant que de prétendre que la perte de tout bien améliore? Non, la privation de tout bien anéantit.

Donc, ce qui est, tant qu'il est, est bon. Donc, tout ce qui est est bon. Le mal, dont j'avais tant recherché l'origine, le mal n'est pas une substance; s'il était

(1) Psaume LXXII, 20.
(2) Psaume XV, 2.

une substance, il serait bon. Car, ou il serait incorruptible, et le souverain bien ; ou il serait corruptible, ce qui ne se peut sans quelque bonté.

Ainsi, je le vis clairement, vous n'avez rien fait que de bon, et il n'est aucune substance que vous n'ayez faite. Vous n'avez pas doué toutes choses d'une égale bonté, mais elles sont toutes bonnes. Chacune est bonne, en effet, et toutes ensemble sont très bonnes, parce que tout ce que notre Dieu a fait est très bon (1).

Pour vous le mal n'est pas, non seulement pour vous, mais pour l'universalité de vos œuvres ; car il n'est rien en dehors qui puisse y pénétrer et altérer l'ordre que vous y avez établi. Dans le détail seulement, telles parties sont réputées mauvaises pour leur désaccord entre elles, bien qu'avec d'autres l'harmonie s'établisse et que toutes soient bonnes, prises à part.

Toutes ces choses qui ne conviennent pas entre elles conviennent à ce monde inférieur que nous appelons la terre, qui tire avantage d'une atmosphère pleine de vents et de nuées.

Et loin de moi de désirer que ces choses ne soient pas, bien qu'à les voir séparément, je les puisse désirer meilleures. Mais, fussent-elles seules, je devrais vous en louer, ô mon Dieu, car tout sur la terre vous proclame digne de louange, et les dragons et les abîmes ; le feu, la grêle, la neige, la glace, et le souffle

____

(1) Livre VII, c. 11 et 12.

des tempêtes qui obéissent à votre parole ; les montagnes, les collines, les arbres fruitiers et les cèdres ; les bêtes, les troupeaux, les reptiles et les oiseaux ailés ; les rois et tous les peuples, les princes et les juges de la terre, les jeunes gens et les vierges, les enfants et les vieillards ; tout bénit votre nom (1).

Et à la pensée que vous êtes également loué au ciel, que dans les hauteurs, ô mon Dieu, tous vos anges, toutes vos puissances, et le soleil et la lune, et les étoiles et la lumière, et les cieux des cieux, et les eaux qui sont au-dessus des cieux chantent votre gloire, je ne souhaitais plus rien de meilleur. Car, en les passant tous en revue, je préférais sans doute les êtres supérieurs aux inférieurs, mais il me semblait que les supérieurs pris isolément valaient moins que tous ensemble (2).

III

INSENSÉS ceux qui trouvent à reprendre dans ce que vous avez créé, ô mon Dieu ; insensé moi-même, quand j'osais censurer plusieurs de vos œuvres. Et parce que mon âme n'avait pas l'audace d'accuser Dieu même d'imperfection, elle refusait de vous attri-

(1) Psaume CXLVIII, 12.
(2) Livre VII, c. 13.

buer ce qui ne lui agréait pas. Elle était ainsi tombée dans la folle opinion des *deux substances* (1) ; mais elle n'y trouvait pas de repos et ne faisait que répéter les assertions d'autrui.

Sortie de cette erreur, elle s'était fait un bien répandu dans l'espace infini, qu'elle prenait pour vous. Elle l'avait placé au plus intime d'elle-même, devenue pour son idole un temple abominable à vos yeux.

Mais lorsque vous eûtes, à mon insu, guéri mon esprit malade et *fermé mes yeux pour qu'ils ne vissent plus la vanité* (2), je cessai un peu d'être mon tourment, et ma démence s'assoupit. Et je me réveillai en vous, et je vous vis infini, mais d'une autre manière, d'une vue qui n'avait rien de charnel.

Après cela, je jetai les yeux sur tout le reste, et je vis que tout vous doit l'être et que tout est contenu en vous, non pas comme en un lieu, mais en votre vérité, qui est comme votre main qui contient tout. Tout est vrai en tant qu'être ; la fausseté n'est que la créance qu'une chose est, tandis qu'elle n'est pas.

Je reconnus encore que tout a sa convenance particulière, et de lieu et de temps, et que vous, seul Être éternel, vous ne vous êtes pas mis à l'œuvre après des séries incalculables de siècles, parce que les espaces des temps passés ou à venir ne sauraient ni arriver ni disparaître, sans que vous agissiez, comme leur moteur immobile.

(1) Le dualisme des Manichéens.
(2) Ps. cxviii, 35.

Je sentis par expérience qu'il ne faut pas s'étonner que le pain, agréable à qui a le palais sain, déplaise à qui l'a mauvais ; et que les yeux malades soient blessés par la lumière, si douce aux yeux purs.

Votre justice même, ô mon Dieu, déplaît aux méchants ; comment donc les vipères et les vermisseaux ne leur déplairaient-ils point ? Ce qui n'empêche pas que vous ne les ayez créés bons, d'une bonté convenable au monde inférieur avec lequel les méchants ont d'autant plus d'affinité qu'ils vous sont moins semblables ; comme au contraire les bons tendent d'autant plus à ce qu'il y a de supérieur dans la création, qu'ils sont plus semblables à vous.

Enfin je cherchai ce que c'était que l'iniquité, et je trouvai que ce n'était point une substance, mais seulement une perversion de la volonté, se détournant de vous, souveraine substance, vers les choses finies, dissipant ce qu'elle a de plus précieux en elle et s'enflant d'orgueil au dehors (1).

IV

Je m'étonnais de vous aimer, vous, et non plus un fantôme à votre place. Je ne pouvais néanmoins jouir constamment de mon Dieu ; entraîné vers vous par votre beauté, je sentais bientôt un poids malheu-

(1) Livre VII, c. 14, 15, 16.

reux m'emporter loin de vous, et je retombais à terre en gémissant Ce poids, c'étaient les habitudes charnelles.

Mais votre souvenir était toujours avec moi, et je ne doutais nullement que vous ne fussiez celui auquel je devais m'attacher, quoique je n'en fusse pas encore capable ; parce que *la chair corruptible appesantit l'âme, et que cette maison de boue accable l'esprit plein de mille pensées* (1).

J'étais également certain que, depuis la création de l'univers, vos grandeurs invisibles, votre puissance éternelle et votre divinité ont été rendues intelligibles et visibles au moyen de vos œuvres (2). Je cherchai donc ce qui me faisait discerner la beauté des corps célestes ou terrestres, et quelle est la règle présente à mon esprit, lorsque je juge selon la vérité des choses sujettes au changement et que je dis : *Cela doit être, cela ne doit pas être ainsi ;* et je découvris, au-dessus de mon esprit changeant, l'immuable et éternelle Vérité.

Ainsi, par degrés, je montai du corps à l'âme qui sent à l'aide du corps, et de là à cette faculté intérieure à qui le sens corporel annonce la présence de ce qui est au dehors, limite où s'arrête l'instinct des animaux ; j'atteignis enfin cette puissance qui, par le raisonnement, juge tous les rapports des sens.

Et cette puissance, se reconnaissant en moi sujette

(1) Livre de la Sagesse, IX, 15.
(2) Epître aux Romains, I, 10.

au changement, fit effort pour s'élever à l'intelligence d'elle-même. Emmenant sa pensée loin des préoccupations habituelles et des fantômes troublants, elle chercha quelle est la lumière qui l'inonde quand elle déclare que l'immuable doit être préféré à ce qui change. Cet immuable, d'où le connaît-elle ? Car, si elle ne le connaissait en quelque manière, elle ne le préférerait pas à son contraire.

Et ma raison parvint ainsi jusqu'à l'*Être qui est*, jetant sur lui un timide et rapide regard.

Alors vos perfections invisibles se dévoilèrent à mon intelligence dans les choses visibles, mais je n'y pus fixer les yeux. Rendu à ma misère habituelle, je n'en gardai qu'un amoureux souvenir, avec le regret de ne pouvoir goûter encore aux mets dont j'avais respiré le parfum (1).

(1) Livre VII, c. 17.

CHAPITRE QUINZIÈME.

A vie éternelle, c'est de connaître Dieu le père et Jésus-Christ, son fils unique. Nul ne va au Père, sinon par le Fils, qui est la voie qui conduit, la vérité qui instruit, la vie qui sanctifie. Il n'y a de salut pour les hommes que dans le nom de Jésus; Jésus est la porte par où l'on entre dans le royaume des cieux; il est la vigne dont les élus sont les branches; il est le pasteur dont l'universalité des fidèles est le troupeau.

Voilà ce qu'Augustin lisait avec ravissement dans l'Evangile. Il y retrouvait Jésus-Christ, que, tout petit enfant, sa mère lui avait appris à aimer, et dont il avait, au milieu de ses égarements et de ses désordres, gardé le tendre et pieux souvenir.

Tout d'abord Jésus-Christ lui était apparu seulement comme un homme extraordinaire, incomparable; mais peu à peu il entra dans les profondeurs du mystère de ce Verbe fait chair et adora, sous le voile de l'humanité, Dieu même.

Ce Dieu anéanti par amour pour les hommes prit dès lors possession de son cœur. Les épîtres de saint Paul le charmèrent d'autant plus qu'elles lui parlaient

mieux de Jésus et lui faisaient lire son nom à chaque
page. — L'espérance refleurit avec l'humilité;
se défiant de lui-même, se confiant à sa
gráce, Augustin allait pouvoir
s'écrier à son tour : Je puis
tout en Celui qui me
fortifie.

I

Je cherchais, ô mon Dieu, le moyen d'acquérir des forces qui me rendissent capable de jouir de vous, et je ne le trouvai qu'à l'heure où je connus le *médiateur de Dieu et des hommes, Jésus-Christ homme* (1), Dieu souverain, béni dans tous les siècles, qui nous appelle en disant : *Je suis la voie, la vérité, la vie* (2), et qui a pris notre chair pour mettre à notre portée l'aliment que nous ne pouvions atteindre. Car le Verbe s'est fait chair, afin que votre sagesse, par laquelle vous avez tout créé, devînt comme le lait qui nourrit notre enfance.

N'étant pas humble, je ne pouvais connaître mon humble maître Jésus et les profondes leçons de son anéantissement. Car votre Verbe, l'éternelle vérité planant au-dessus des sommets les plus sublimes de la création, élève à soi ceux qui s'abaissent. Dans les plus basses régions, avec le limon dont nous sommes formés, il s'est façonné l'humble maison de son humanité, pour humilier les superbes et les amener à lui, guéris de leur orgueil et pleins de son amour. Il a voulu que leur présomption cessât de les égarer, qu'ils s'anéantissent dans leur faiblesse en voyant à

(1) Ire Epître à Timothée, II, 5.
(2) Saint Jean, XIV, 6.

leurs pieds, sous les haillons de notre chair, la Divinité elle-même, et que, lassés de leur égarement, ils se jetassent dans son sein pour être relevés quand elle se relèverait elle-même.

Mais alors j'étais bien éloigné de ces pensées, et ne voyais dans Notre-Seigneur Jésus-Christ qu'un homme éminent en sagesse, en tout incomparable. Sa miraculeuse naissance d'une vierge, son divin dévouement pour nous avaient, suivant moi, donné à son enseignement cette autorité souveraine qui inspirait, à son exemple, le mépris des biens temporels en vue de conquérir l'immortalité. Mais je ne soupçonnais pas même ce qu'il y a de mystère en ces mots : *Le Verbe fait chair.* Seulement, ayant appris de la Sainte Écriture qu'il a mangé, bu, dormi, marché, qu'il a connu la tristesse et la joie, qu'il a conversé avec nous, je concevais fort bien que la chair n'avait pu être unie au Verbe qu'avec une âme humaine et un esprit raisonnable. C'est ce que n'ignore aucun de ceux qui connaissent l'immortalité du Verbe. J'avais dès lors assez de connaissance pour n'en pas douter. Car mouvoir les membres du corps au gré de la volonté, et ne les mouvoir plus ; être affecté de quelque passion, puis y être indifférent ; exprimer par des signes de sages pensées, puis garder le silence, sont les traits distinctifs d'une âme sujette au changement. Que si ces actions avaient été faussement rapportées, toutes les autres choses qu'on raconte de lui seraient suspectes de mensonge, le genre humain n'aurait plus en l'Écriture la foi qui mène au salut.

Or, tout ce qu'elle contient étant vrai, je reconnaissais en Jésus-Christ tout l'homme, non pas le corps seul de l'homme, ou le corps et l'âme sensitive sans l'esprit; mais l'homme entier, tel qu'il est.

Toutefois je ne vénérais pas encore en Jésus-Christ la personne même du Verbe, mais seulement la nature humaine dans un état de perfection sublime, admise à une participation privilégiée de la sagesse qui l'élevait au-dessus de tous les autres hommes.

Alypius pensait que, par le dogme du Verbe incarné, les catholiques entendaient qu'il n'y a en Jésus-Christ que la divinité et la chair, et nullement l'esprit et l'âme de l'homme. Et parce qu'il était très persuadé que Jésus n'aurait pu, sans une âme raisonnable, faire toutes les choses qu'on a écrites de lui, il ne venait qu'à pas lents à la foi catholique. Mais bientôt, découvrant que c'était là l'erreur des Apollinaristes (1), il embrassa avec joie la foi de l'Église.

Pour moi, je l'avoue, je n'appris que quelque temps après combien, dans leur manière d'entendre le dogme du Verbe incarné, diffèrent la vérité catholique et l'hérésie de Photin (2). Et, à ce sujet, n'est-il pas remarquable que les contradictions de l'erreur ser

(1) Disciples d'Apollinaire le jeune, évêque de Laodicée en Syrie. Cette secte, qui dura du ive au ve siècle, niait en Jésus-Christ l'âme raisonnable, l'esprit, et prétendait que le Verbe n'avait pris que le corps et l'âme animale. Cette hérésie fut condamnée par le concile universel de Constantinople, en 381.

(2) Photin, d'Ancire, prétendait que le Christ n'était qu'un homme, fils de Marie, élevé pour ses mérites à la dignité de fils de Dieu. Il fut condamné au concile de Sirmium, en 357.

vent à mettre en lumière les vrais sentiments de votre Église et à préciser la saine doctrine ? *Il a fallu qu'il y eût des hérésies* (1), pour que la faiblesse des uns fît éclater la constance des autres (2).

II

C'ES livres des platoniciens, que je lisais alors, m'ayant convié à la recherche de la vérité incorporelle, j'aperçus par l'intelligence de vos ouvrages vos perfections invisibles. Mais là, contraint de m'arrêter, je sentis que les ténèbres de mon âme m'empêchaient de les contempler.

J'étais certain que vous êtes, et que vous êtes infini, sans cependant vous répandre par les espaces finis ou infinis ; toujours vous-même, sans altération ni changement d'état ou de lieu. J'étais certain que tout être procède de vous, par cette seule raison fondamentale, qu'il est. Mais, assuré de ces vérités, j'étais néanmoins trop faible pour jouir de vous.

Je me plaisais à parler de ces choses, comme si j'eusse été savant ; et si je n'avais cherché dans le Christ sauveur la voie qui mène à vous, je me serais perdu avec ma science. Encore tout plein de ma misère, je voulais étaler ma sagesse ; loin de pleurer sur l'une, je tirais vanité de l'autre.

(1) Épître aux Corinthiens, XI, 19.
(2) Livre VII, c. 18, 19.

Car où était cette charité qui bâtit sur le fondement de l'humilité, sur Jésus-Christ lui-même? Ces livres pouvaient-ils me l'enseigner? Mais, en les faisant tomber entre mes mains, avant que j'eusse médité vos écritures, vous vouliez sans doute imprimer en ma mémoire le souvenir de l'état où ils m'avaient laissé, afin que, dans la suite, pénétré de la douceur de vos saints livres, pansé de mes blessures par votre miséricordieuse main, j'apprisse à discerner quelle différence il y a entre la présomption et l'humble aveu de sa faiblesse, entre ceux qui, voyant où il faut aller, ignorent le chemin, et ceux qui savent quelle route mène, non seulement à la contemplation, mais à la possession de la patrie bienheureuse.

Si tout d'abord, formé par vos saintes lettres, je m'étais habitué à en goûter les charmes, qui sait si la lecture de ces livres profanes ne m'aurait pas fait déchoir du solide fondement de la piété, ou si, tout imprégné de sentiments salutaires, je n'aurais pas cru que les ouvrages des philosophes suffisent à en produire de semblables (1)?

III

Je dévorai donc avidement ces pages vénérables, dictées par votre Saint-Esprit, et surtout l'apôtre

______
(1) Livre VII, c. 20.

Paul; et au même moment s'évanouirent ces difficultés qui me le présentaient quelquefois en contradiction avec lui-même et son texte en désaccord avec les témoignages de la loi et des prophètes. Je saisis l'unité de physionomie de ces chastes Écritures, et j'appris à les lire avec une allégresse mêlée de crainte.

Je connus aussitôt que tout ce que j'avais lu de vrai dans les livres profanes s'enseigne ici avec l'idée toujours présente de votre grâce, afin que celui qui voit ne se glorifie pas comme s'il n'avait pas reçu, non seulement ce qu'il voit, mais le moyen de le voir ; *qu'a-t-il, en effet, qu'il n'ait reçu* (1)? et aussi afin que, non seulement il soit excité à vous connaître, ô Dieu immuable, mais guéri pour vous posséder, et que le voyageur trop éloigné pour vous découvrir prenne la route qui mène à vous, vous voie et vous embrasse.

Encore que l'homme intérieur se plaise en la loi de Dieu, que fera-t-il de cette autre loi, vivante en ses membres, qui combat contre la loi de son esprit et le traîne captif sous cette loi de péché qui est dans sa chair (2)? Car vous êtes juste, Seigneur ; ce sont nos péchés, nos iniquités, nos offenses qui ont appesanti sur nous votre main (3). Et votre justice nous a livrés à l'antique pécheur, au prince de la mort, qui a persuadé à notre volonté l'imitation de sa volonté déchue de votre vérité.

(1) I Épître aux Corinthiens, iv, 7.
(2) Épître aux Romains, vii, 22.
(3) Daniel, iii, 27, 32.

Que fera cet homme misérable ? Qui le délivrera du corps de cette mort, sinon la grâce par Jésus-Christ Notre-Seigneur (1), que vous avez engendré coéternel à vous-même et créé au commencement de vos voies (2), en qui le prince du monde n'a rien trouvé digne de mort (3), victime innocente, dont le sang a effacé l'arrêt de notre condamnation (4)?

Voilà où ces livres sont muets. Rien, dans ces pages profanes, ne rappelle la piété, les larmes de la pénitence, le sacrifice, agréable à vos yeux, des tribulations spirituelles, du cœur contrit et humilié, et le salut de votre peuple, et la cité sainte, votre épouse, et le gage du Saint-Esprit, et le calice de notre rédemption.

Là, personne ne chante : *Mon âme ne sera-t-elle pas soumise à Dieu ? Car il est mon Sauveur, mon Dieu, mon secours, mon refuge, et je ne serai pas ébranlé* (5). Personne n'entend cet appel : *Venez à moi, vous tous qui êtes affligés* (6).

Ils dédaignent, ces superbes, d'apprendre de Jésus qu'il est doux et humble de cœur. Car c'est là ce que vous avez caché aux sages, aux savants, pour le révéler aux petits.

Oui, autre chose est d'apercevoir du haut d'un roc sauvage la patrie de la paix, sans trouver le chemin

(1) Rom. vii, 23, 25.
(2) Proverbes, viii, 22.
(3) Saint Jean, xiv, 3o.
(4) Ép. aux Colossiens, ii, 14.
(5) Psaume xli, 2 et 3.
(6) Matth. xi, 28, 29.

qui y mène, et de s'épuiser en vains efforts, par des sentiers perdus, pour échapper à ces esclaves fugitifs, déserteurs de Dieu, guerroyant contre l'homme sous la conduite de leur prince infernal, lion et serpent tout ensemble ; autre chose de tenir la route véritable, protégée par l'armée du roi céleste contre les démons qui en sont les transfuges ; car cette voie, ils l'évitent comme un supplice.

Je m'assimilais merveilleusement ces vérités, en lisant celui qui s'est appelé le moindre de vos apôtres. Je contemplais vos œuvres, et je restais éperdu d'admiration (1).

(1) Livre VII, c. 21.

CHAPITRE SEIZIÈME.

EXEMPLE DU RHÉTEUR VICTORINUS.

’ESPRIT d’Augustin était conquis à la vérité chrétienne ; mais la volonté, esclave de la passion, hésitait en face du sacrifice. Là où le raisonnement n’eût pas suffi, l’exemple triompha.

Certes, l’exemple ne lui avait pas manqué ! Augustin n’avait-il pas eu sous les yeux la vie de Monique et d’Ambroise ? Mais il lui fallait des modèles plus à portée de lui, pour ainsi dire, qui lui apprissent comment les plus coupables, transformés par la grâce et le repentir, deviennent les plus généreux et les plus fervents.

Tel fut pour lui l’exemple du célèbre rhéteur Victorinus, Africain comme lui, comme lui disciple de Platon, et dont la conversion éclatante avait naguère étonné Rome et réjoui l’Eglise. Il en apprit l’histoire de la bouche du vieillard Simplicianus, qui, directeur spirituel de saint Ambroise, devint plus tard son successeur sur le siège épiscopal de Milan.

I

Mon Dieu, que mes souvenirs soient des actions de grâces et que je publie vos miséricordes envers moi ! Que votre amour me pénètre jusqu'à la moelle des os, et que je m'écrie : *Seigneur, qui est semblable à vous ? Vous avez rompu mes liens, je vous dois un sacrifice de louanges* (1).

Je raconterai comment vous les avez brisés, ces liens, et tous ceux qui vous adorent diront à ce récit : *Béni soit le Seigneur, au ciel et sur la terre ; grand et admirable est son nom* (2).

Vos paroles s'étaient gravées au fond de mon âme, et vous l'assiégiez de toutes parts. J'étais certain de votre éternelle vie, quoiqu'elle ne m'apparût qu'en énigme et comme en un miroir (3). Il ne me restait plus aucun doute que votre incorruptible substance fût le principe de toutes les autres, et ce que je souhaitais, ce n'était pas d'être plus certain de vous, mais mieux affermi en vous. Car, dans la conduite de ma vie, tout chancelait ; mon cœur était à purifier du vieux levain, et si je me félicitais d'avoir trouvé

(1) Psaume XXXIV, 10.
(2) Psaume CXV, 17.
(3) I Cor. XIII, 12.

la véritable voie, qui est le Sauveur lui-même, il me répugnait de marcher dans ses étroits sentiers.

Vous m'inspirâtes alors l'idée d'aller trouver Simplicianus, que j'estimais l'un de vos plus fidèles serviteurs et en qui brillait la lumière de votre grâce. J'avais appris que, dès sa jeunesse, il s'était entièrement consacré à votre service. Il était vieux alors, et il me semblait qu'ayant passé tant d'années dans une si parfaite étude de vos voies, il devait en avoir acquis une grande expérience et une science approfondie. Je ne m'étais pas trompé. Je me proposais de lui révéler toutes les agitations de mon âme, afin que, la connaissant bien, il m'indiquât le moyen le plus propre à la remettre dans votre chemin, car je voyais, dans la multitude qui remplissait votre Église, chacun suivre une route différente.

J'avais pris en aversion ma vie mondaine ; elle m'était à charge depuis que je n'étais plus stimulé par ces ardentes espérances de richesses et d'honneurs, qui auparavant m'aidaient à supporter ce dur esclavage. Ces choses n'avaient plus de charme pour moi, quand je les comparais aux douceurs et à la beauté de votre maison, que j'aimais déjà; mais l'amour charnel m'enchaînait encore. L'Apôtre, il est vrai, ne m'interdisait point le mariage, bien qu'il nous convie à un état plus parfait, lui qui aurait voulu que tous les hommes fussent en cela semblables à lui; mais, trop faible, je me cherchais une place plus commode, et, dès lors, j'étais sans énergie pour tout le reste, en proie à de cruels soucis, d'autant que la vie conjugale, vers laquelle m'emportait une irrésistible passion, entraînait après elle des misères que je ne voulais pas souffrir.

Bien vains sans doute sont tous ces hommes qui n'ont pas la science de Dieu et qui, de la connaissance de ces choses qu'ils estiment des biens, n'ont pu s'élever jusqu'à Celui *qui est.* Pour moi, je n'en étais plus à cette vanité. Je m'étais élancé plus haut, et, guidé par le témoignage de toutes vos créatures, je vous avais trouvé, ô mon Créateur, et en vous votre Verbe, Dieu lui-même, et le Saint-Esprit, un seul Dieu avec vous, par lequel vous avez fait toutes choses.

Mais il est une autre sorte d'impies, qui, connaissant Dieu, ne le glorifient pas comme Dieu et ne lui rendent point hommage. Voilà le précipice où j'étais tombé, et votre droite m'en avait retiré pour me mettre où je pouvais guérir. Car vous avez dit à l'homme : *La vraie sagesse, c'est la piété ;* et encore : *Garde-toi de vouloir paraître sage, car ceux qui se vantaient d'être sages sont devenus fous* (1). J'avais trouvé cette perle précieuse que je devais acheter au prix de tous mes biens (2), et j'hésitais !

II

J'ALLAI donc trouver Simplicianus, père selon la grâce de votre évêque d'Ambroise, qui lui témoi-

(1) Job, xxviii, 28. — Proverbes, iii, 7. — Rom., i, 22.
(2) Saint Matthieu, xiii, 46. — *Confess.* Livre viii, c. 1.

gnait vraiment l'affection d'un fils. Je lui retraçai le dédale de mes erreurs. Lorsque je lui racontai que j'avais lu quelques ouvrages platoniciens, traduits en latin par Victorinus, rhéteur à Rome, et qui, m'avait-on dit, était mort chrétien, il me félicita de n'être point tombé sur les ouvrages d'autres philosophes, qui, au sujet du monde matériel, étaient pleins d'erreurs et de mensonges, tandis que, dans les livres des platoniciens, tout tend à élever la pensée vers Dieu et son Verbe. Ensuite, pour m'exhorter à l'humilité de Jésus-Christ, cachée aux sages et révélée aux petits, il me proposa l'exemple de Victorinus lui-même, qu'il avait intimement connu pendant son séjour à Rome. Ce qu'il me dit de lui, je ne le tairai pas; il y a là une de ces merveilles de votre grâce qui doivent être publiées à la gloire de votre nom.

Simplicianus me dépeignit ce vieillard si profondément instruit, si docte en toutes sciences libérales, qui avait lu, discuté et éclairci tant d'ouvrages philosophiques, maître de tant d'illustres sénateurs, à qui la gloire de son enseignement avait mérité, — honneur sans égal aux yeux du monde, — une statue sur le Forum; jusqu'au déclin de l'âge adorateur des idoles, initié aux mystères sacrilèges,.si chers alors à toute la noblesse romaine, dont l'engouement se communiquait au peuple et allait jusqu'à l'adoration du chien Anubis et d'une foule d'autres monstres armés naguère contre Neptune, Vénus et Minerve, vaincus auxquels Rome sacrifiait alors et que Victorinus avait pendant tant d'annés défendus avec une éloquence toute profane. Or, ce vieillard n'avait pas rougi de se faire le serviteur de Jésus-Christ, de renaître enfant dans les eaux du Baptême, de courber le front sous le joug de l'humilité et sous l'opprobre de la croix.

Seigneur, Seigneur, *qui avez abaissé les cieux et en êtes descendu, qui avez touché les montagnes et les avez embrasées* (1), par quels charmes vous êtes-vous insinué dans ce cœur? Il lisait la Sainte Écriture, il faisait une étude approfondie de tous les livres chrétiens et disait à Simplicianus, non pas en public, mais en secret, dans l'intimité : « Sais-tu que me voilà chrétien ? » — « Je ne le croirai pas, répondait son ami, je ne te compterai pas au nombre des chrétiens que je ne t'aie vu dans l'Église de Jésus-Christ. » Mais lui reprenait avec ironie : « Sont-ce donc les murailles qui font le chrétien ? »

Comme il répétait souvent qu'il était chrétien, Simplicianus lui faisait toujours la même réponse, et il ne manquait jamais de répliquer par ce trait de raillerie sur les murailles. Au fond, il appréhendait de blesser ses amis, orgueilleux adorateurs des démons, de peur que des sommets de Babylone et des cimes de ces cèdres du Liban que Dieu n'avait pas encore brisés, ne fondissent sur lui de redoutables inimitiés. Mais la lecture et la méditation l'ayant affermi, il craignit d'être désavoué par Jésus-Christ

______
(1) Psaume CXLIII, 5.

devant les saints Anges, s'il craignait de le confesser devant les hommes (1); il reconnut dès lors qu'il serait coupable d'un grand crime s'il rougissait des mystères de l'humilité du Verbe, lui qui n'avait pas rougi du culte sacrilège de ces démons superbes dont il s'était fait le superbe imitateur. La honte de quitter le mensonge fit place à la honte de trahir la vérité, et, surprenant Simplicianus, il s'écria soudain : « Allons à l'église, je veux être chrétien. » Son ami, transporté de joie, s'empressa de l'y conduire. Aussitôt qu'il eut reçu les premières leçons de vos mystères, il donna son nom pour être régénéré par le Baptême, à l'étonnement de Rome, à la joie de votre Église. Les superbes, à cette vue, frémissaient, grinçaient des dents et séchaient de rage; mais votre serviteur, ô mon Dieu, avait son espérance en vous et ne donnait plus un regard aux folles vanités et aux mensonges.

Enfin, quand l'heure fut venue de faire la profession de foi qui consiste en une formule retenue de mémoire, et que récitent ordinairement, en présence des fidèles de Rome, ceux qui demandent l'accès de votre grâce, les prêtres offrirent à Victorinus de la prononcer en particulier, comme il était d'usage de le proposer aux personnes qu'une solennité publique pouvait intimider ; mais lui aima mieux confesser devant la sainte multitude la foi qui devait le conduire au salut; car ce n'était point le salut qu'il en-

(1) Saint Matthieu, x, 33.

seignait dans son école de rhétorique, et cependant il avait professé publiquement. Si donc il n'avait pas craint d'exposer sa parole au jugement d'une foule d'insensés, combien peu devait-il craindre de prononcer votre parole en présence de votre paisible troupeau !

Il monta, et son nom, répété tout bas par ceux qui le connaissaient, se mêla à un murmure de joie. Et de qui, dans cette enceinte, n'était-il pas connu? Aussi, dans un transport à peine comprimé, chacun disait : Victorinus, Victorinus! Sa vue avait excité ce frémissement ; le désir de l'entendre le calma bientôt. Il prononça avec une admirable foi le symbole de la vérité, et tous auraient voulu l'enlever dans leur cœur ; il s'y trouvait placé : la joie et l'amour étaient les mains qui l'y portaient (1).

III

Dieu bon, que se passe-t-il dans l'homme, pour qu'il ressente plus de joie du salut d'une âme désespérée et de sa délivrance d'un péril extrême, que s'il eût toujours bien espéré d'elle ou que le danger eût été moins grand ? Vous-même, Père miséricordieux, *vous vous réjouissez plus d'un seul pénitent, que de*

(1) Livre VIII, c. 1, 2.

quatre-vingt-dix-neuf Justes qui n'ont pas besoin de pénitence. Et nous, avec quelle joie nous apprenons que le bon Pasteur, aux acclamations des anges, rapporte sur ses épaules la brebis égarée, et que la drachme perdue est remise dans vos trésors, aux applaudissements des voisines de celle qui l'a retrouvée! Les solennelles réjouissances de votre maison nous arrachent des larmes, quand nous lisons de votre enfant prodigue *qu'il était mort et qu'il est ressuscité; qu'il était perdu et qu'il est retrouvé* (1). Vous vous réjouissez en nous et en vos anges par cette charité qui sanctifie; car vous, toujours le même, vous avez toujours la même connaissance de ce qui change et n'est pas toujours.

Que se passe-t-il donc dans l'âme, pour qu'elle éprouve plus de joie à retrouver ce qu'elle aime qu'à le posséder constamment? Tout l'atteste, tout est plein de témoignages qui crient : Il en est ainsi. Un général triomphe après la victoire; il n'aurait pas vaincu, s'il n'eût pas combattu; plus grand a été le péril du combat, plus grande est la joie du triomphe. Un vaisseau est battu de la tempête, menacé du naufrage; les passagers pâlissent en face de la mort; le ciel et la mer s'apaisent : l'excès de la joie naît de l'excès de la crainte. Une personne aimée est malade, son pouls présente des symptômes alarmants; tous ceux qui désirent sa guérison souffrent dans leur cœur; elle est sauvée, et bien qu'elle marche à peine,

____

(1) Saint Luc, xv.

c'est un bonheur tel qu'il n'en fut jamais quand elle avait toute la vigueur de la santé.

Et les plaisirs de cette vie, ce n'est pas seulement au prix de désagréments imprévus et involontaires qu'on se les procure, mais par des peines calculées et consenties.

Nul est le plaisir de boire et de manger s'il n'est assaisonné de faim et de soif. Les gens adonnés au vin prennent des mets salés afin de calmer ensuite l'irritation désagréable par la boisson qui leur plaît.

Ainsi dans l'abomination des voluptés coupables comme dans les plaisirs honnêtes et permis, dans la sincérité d'une amitié pure et dans ce retour de l'enfant *mort et ressuscité, perdu et retrouvé,* partout la joie est d'autant plus vive qu'elle succède à de plus grandes peines. Pourquoi cela, Seigneur, mon Dieu, quand vous êtes pour vous-même le sujet d'une joie éternelle, et que plusieurs de vos créatures goûtent auprès de vous des plaisirs sans cesse renaissants ? Pourquoi ce monde inférieur passe-t-il ainsi, par une continuelle alternative, de l'abondance à la misère, de la guerre à la paix ? Est-ce une condition de sa nature, et n'avez-vous point voulu lui accorder davantage, tandis que depuis les sommets des cieux jusqu'aux profondeurs de la terre, depuis le commencement jusqu'à la fin des siècles, depuis l'ange jusqu'au vermisseau, depuis le premier des mouvements jusqu'au dernier, vous avez dispensé tous les biens et disposé tous vos ouvrages, chacun en son temps et en son lieu ?

Mon Dieu, que vous êtes sublime dans les hauteurs et profond dans les abîmes ! Vous n'êtes jamais loin, et pourtant quelle peine pour revenir à vous (1) !

IV

A L'ŒUVRE , Seigneur ; réveillez-nous, rappelez-nous, embrasez, entraînez, consumez, charmez ! Et nous, aimons, courons !

Combien reviennent à vous d'un abîme d'aveuglement plus profond que celui de Victorinus et s'approchent, et reçoivent le rayon de votre Lumière, et avec elle le pouvoir de devenir enfant de Dieu !

Mais, moins connus des hommes, ils procurent par leur retour moins de joie, même à ceux qui les connaissent. C'est que la joie commune à un grand nombre est plus abondante en chacun, parce qu'elle s'accroît et s'enflamme au contact. Et puis, les hommes connus ont plus d'autorité pour entraîner la foule sur leurs pas dans la voie du salut. Voilà pourquoi ceux-là même qui les ont devancés éprouvent plus de satisfaction : ils savent qu'ils n'auront pas à se réjouir pour eux seuls.

Loin de moi la pensée de prétendre que, dans votre maison, les riches soient préférés aux pauvres, les nobles aux roturiers, puisque vous avez choisi

(1) Livre VIII, c. 3.

ce qui est faible dans le monde pour confondre ce qui est fort ; ce qui est vil et méprisable et ce qui est comme n'étant pas, pour anéantir ce qui est (1). Et pourtant, celui par qui vous avez prononcé ces paroles, celui qui s'appelait le dernier de vos apôtres, vainqueur du consul Paul, qu'il avait soumis au joug si doux de Jésus-Christ et enrôlé au service du grand Roi, voulut échanger son nom de Saul contre celui de Paul, en mémoire d'un si éclatant triomphe. Car l'ennemi est d'autant plus complètement vaincu qu'on lui enlève celui qu'il possède avec plus d'empire et par qui il en possède plusieurs. Satan tient les grands par l'orgueil et le vulgaire par l'autorité de leurs exemples. Or, plus on aimait à se figurer le cœur de Victorinus comme une citadelle inexpugnable et sa langue comme un dard acéré dont il avait tué tant d'âmes, plus l'enthousiasme de vos enfants devait éclater, quand ils voyaient que notre Roi avait enchaîné *le fort armé*, et que, de ses dépouilles purifiées, il avait fait un trophée à votre gloire et d'utiles instruments pour toute bonne œuvre (2).

V

A PEINE l'homme de Dieu m'avait-il raconté la conversion de Victorinus, que je brûlais déjà

(1) I Cor., i, 27, 28.
(2) Livre viii, c. 4.

de l'imiter. Et c'était ce que Simplicianus s'était proposé. Il ajouta que, sous le règne de l'empereur Julien, une loi ayant interdit aux chrétiens l'enseignement des lettres et de l'éloquence, Victorinus s'était empressé de s'y soumettre, préférant aux vaines déclamations de l'école votre Verbe, qui rend éloquente la langue des enfants (1) ; et moi, j'admirais le bonheur et le courage qu'il avait eus de se ménager tant de loisir pour vous.

C'est après un tel loisir que je soupirais, enchaîné, non plus par des liens étrangers, mais dans les fers de ma volonté. L'ennemi tenait en sa main mon vouloir ; il en avait fait une chaîne et il m'en avait garrotté. Car la volonté pervertie fait la passion ; l'asservissement à la passion fait l'habitude, et l'habitude à laquelle on ne résiste pas devient une nécessité. C'étaient là comme autant d'anneaux enlacés, dont s'était formée la chaîne de mon dur esclavage. Si je sentais naître en moi une volonté nouvelle de vous servir sans intérêt et de jouir de vous, mon Dieu, ma seule vraie joie, elle était trop faible encore pour triompher de l'autre, que l'habitude avait fortifiée. Ainsi deux volontés, l'une ancienne, l'autre nouvelle, l'une charnelle, l'autre spirituelle, étaient aux prises, et mon âme s'usait dans ces discordes.

Et je comprenais par ma propre expérience ce que j'avais lu, que *la chair a des désirs contraires à ceux de l'esprit, et l'esprit à ceux de la chair* (2). De part

(1) Sagesse, x, 21.
(2) Épître aux Galates, v, 17.

et d'autre c'était bien moi, mais il y avait plus de moi dans le bien que j'approuvais que dans le mal que je haïssais.

Dans le mal, je n'étais presque plus pour rien ; je le souffrais plutôt que je ne le faisais volontairement. Et cependant l'habitude, si forte contre moi, venait de moi, puisque ma volonté m'avait amené où je ne voulais plus être. Et qui oserait se plaindre de ce que le pécheur porte la juste peine de son péché ?

Je n'avais plus même l'excuse d'attribuer mes lenteurs à vous servir, en méprisant le siècle, aux incertitudes de mon esprit ; car la vérité était pour moi manifeste ; mais, attaché à la terre, je refusais de m'enrôler à votre service et je craignais la délivrance comme on devrait craindre la servitude.

Ainsi le fardeau du siècle pesait sur moi comme le doux accablement du sommeil. Mes pensées qui s'élevaient vers vous ressemblaient aux efforts d'un homme qui voudrait s'éveiller, mais qui retombe enseveli dans son assoupissement. Sans doute il n'est personne qui voulût dormir toujours ; le bon sens préfère la veille au sommeil ; toutefois, on diffère souvent à secouer la torpeur qui enchaîne les membres et à laquelle on s'abandonne à regret, quoique l'heure du lever soit venue. De même, j'avais la certitude qu'il valait mieux me livrer à votre amour que de m'abandonner à ma passion ; j'approuvais le premier parti, qui triomphait dans mon esprit ; je cédais à l'autre, qui captivait ma volonté. Et que vous répondre, lorsque vous me disiez : *Lève-toi, toi qui dors ; lève-toi d'entre les morts, et Jésus-Christ t'il-luminera* (1). Entouré d'éclatants témoignages, con-vaincu de la vérité, je n'avais à vous opposer que ces paroles languissantes et comme endormies : *Tout à l'heure ! encore un instant !...* Mais ce tout à l'heure durait toujours, cet instant ne finissait pas !

Vainement, je trouvais, selon l'homme intérieur, des charmes dans votre loi ; une autre loi, dans ma chair, luttait contre la loi de mon esprit et me faisait subir la loi du péché, dont je devenais ainsi l'esclave. Car la loi du péché, c'est cette force de l'habitude qui entraîne l'esprit et le retient captif malgré lui, et pourtant à bon droit, puisqu'il est volontairement asservi. Malheureux homme ! qui pouvait me déli-vrer de ce corps de mort, sinon votre grâce par Jésus-Christ Notre-Seigneur ?

(1) Épître aux Éphésiens, v, 14.

CHAPITRE DIX-SEPTIÈME

L'HISTOIRE, du rhéteur Victorinus avait appris à Augustin comment on foule aux pieds le respect humain pour faire profession publique de l'Évangile. Mais Dieu, qui le destinait à devenir un des patriarches de la vie parfaite, lui proposa bientôt l'exemple d'une vertu plus haute. Ce fut un soldat qui redit à Augustin et à son cher Alypius le mot de saint Paul : Aemulamini charismata meliora, *leur proposant pour modèle le glorieux saint Antoine, qui non seulement avait peuplé le désert de solitaires, mais conquis des âmes après sa mort, jusque dans le palais des empereurs.*

Saint Antoine, justement surnommé le Grand, a eu pour historien l'illustre patriarche d'Alexandrie, saint Athanase. Né en Égypte, sous l'empire de Dèce, l'an de Jésus-Christ 251 ; seul héritier, à dix-huit ans, d'une fortune considérable, il avait suivi à la lettre le conseil de l'Évangile, qu'il entendit un jour lire à l'église : Si vous voulez être parfait, allez, vendez ce que vous avez, donnez-le aux pauvres et suivez-moi (1).

(1) Saint Matthieu, xix.

*Après un long noviciat sous la conduite de plu-
sieurs solitaires, le jeune héros, qui, armé du bouclier de la foi, avait triomphé de tous les assauts
du démon, s'enfonça dans la solitude, caché d'abord
dans un tombeau, puis dans un fort en ruines. Mais
bientôt les disciples lui vinrent de toutes parts, et ce
fut de sa main, dit saint Jean Chrysostôme, que
l'Égypte reçut la bénédiction que lui avait value la
présence du divin Enfant proscrit par Hérode.*

*Quand Maximin Daïa renouvela la persécution
contre l'Église, Antoine courut à Alexandrie pour
obtenir le bonheur du martyre. Trompé dans son
espoir, il se retira sur le mont Colzin, qui depuis reçut son nom, en souvenir des prodiges qu'il y opéra
et des vertus dont il y donna l'exemple.*

*Le monde était plein de la gloire de cet homme qui
l'avait fui. Constantin et ses fils lui écrivaient des
lettres. Athanase, Pacôme, Hilarion se faisaient ses
disciples. Quand mourut, le 17 janvier 356, âgé de
cent cinq ans, celui que saint Grégoire de Nazianze
nomme le divin Antoine, les éléments même le pleurèrent, dit saint Jérôme.*

*Tel est le grand homme dont l'officier Potitianus
vint révéler la merveilleuse vie à Augustin et à Alypius* (1).

---

(1) Le corps de saint Antoine, transféré d'abord à Alexandrie,
puis à Constantinople, fut apporté en Dauphiné, au xe siècle.
Ces précieuses reliques, sauvées en 1793, sont encore vénérées
en un petit village nommé Saint-Antoine, à 12 ou 13 kilomètres
de Saint-Marcellin. (*Vie des Pères des déserts d'Orient*, par
le P. Marin, minime [Ed. Vivès, 1869], t. 1ᵒʳ, p. 64.)

I

COMMENT vous m'avez délivré du lien si fort des désirs charnels et de l'esclavage du siècle, je vais le dire à la gloire de votre nom, Seigneur, mon Rédempteur et mon secours.

Ma vie était la même ; au milieu d'anxiétés croissantes, je soupirais continuellement vers vous. Je fréquentais votre Église autant que le permettaient les occupations sous le poids desquelles je gémissais.

Alypius était auprès de moi ; sorti pour la troisième fois de la charge d'assesseur, il attendait en repos l'occasion de vendre des consultations d'avocat, comme je vendais moi-même des leçons d'éloquence, si toutefois l'éloquence est une denrée qu'on puisse acheter ainsi. Pour Nebridius, il avait fait à notre amitié le sacrifice d'aller suppléer dans sa chaire le grammairien Verecundus, citoyen de Milan, notre intime ami, qui nous en avait témoigné le vif désir, nous demandant, au nom de l'amitié, quelqu'un de nous pour lui rendre ce service, dont il avait un pressant besoin. Ce ne fut donc pas l'intérêt qui décida Nebridius. Il pouvait, s'il eût voulu, tirer des lettres un plus grand profit ; mais, par bienveillance, il se rendit à nos prières, doux et tendre ami ! Sa conduite fut pleine de prudence; il évita soigneusement d'être connu des grands du siècle, dont le commerce aurait pu troubler son esprit, qu'il voulait garder libre, et ses loisirs, qu'il consacrait, aussi longtemps que possible, à méditer, à lire, à écouter ce qui touche à la sagesse.

Un jour qu'il était absent, je ne sais plus pourquoi, nous reçûmes, Alypius et moi, la visite d'un de nos compatriotes d'Afrique, nommé Potitianus, l'un des premiers officiers militaires du palais. J'ignore ce qu'il voulait de nous. Nous nous assîmes pour converser. Apercevant par hasard un livre sur une table de jeu qui se trouvait devant nous, il le prit, il l'ouvrit; c'était l'*Apôtre Paul*. Il ne s'y attendait certainement pas, croyant trouver un des auteurs que je m'usais à commenter. Il sourit, me félicita du regard, étonné de trouver sous mes yeux ce livre, et ce livre seul. C'était un fidèle chrétien, souvent prosterné devant vous à l'église, ô mon Dieu, en de longues oraisons.

Je lui avouai que la Sainte Écriture faisait ma principale étude. Alors, il fut amené par la conversation à nous parler d'Antoine, solitaire d'Égypte, dont le nom, si glorieux parmi vos serviteurs, nous était encore inconnu. Il s'en aperçut et insista sur ce sujet, révélant ce grand homme à notre ignorance, dont il ne pouvait assez s'étonner.

Pleins de stupeur et d'admiration, nous écoutions le récit de ces authentiques merveilles, opérées récemment et presque de nos jours au sein de la vraie foi, dans l'Église catholique. Nous étions également surpris, nous d'apprendre ces prodiges, lui d'être le premier à nous les révéler.

Puis il parla des pieux troupeaux monastiques, du parfum de vertus qui s'en exhale et de cette fécondité du désert dont nous ne savions rien. A Milan même, hors des murs, était un monastère rempli de bons frères, entretenu par Ambroise, et nous l'ignorions !

Il continuait de parler, et nous l'écoutions en silence. Il en vint à nous raconter qu'un jour, à Trèves, l'empereur passant l'après-midi au spectacle du cirque, trois de ses compagnons et lui allèrent se promener dans les jardins attenant aux murs de la ville. Comme ils marchaient deux à deux, ils se séparèrent. Les deux qui n'étaient pas avec Potitianus, allant au hasard, entrèrent dans une cabane où vivaient quelques-uns de ces pauvres volontaires, vos serviteurs, *auxquels le royaume de Dieu appartient*, et là ils trouvèrent un manuscrit de la vie d'Antoine. L'un d'eux se met à lire, il admire, il s'enflamme et, tout en lisant, il songe à embrasser une telle vie, à quitter la milice du siècle pour votre service. Ils étaient l'un et l'autre *agents d'affaires* de l'empereur.

Rempli soudain du divin amour et d'une sainte honte, il s'irrite contre lui-même; puis, regardant son ami : « Dis-moi, je te prie, où prétendons-nous parvenir par tant de fatigues ? Que cherchons-nous ? Pourquoi servons-nous ? Notre plus grand espoir au palais n'est-il pas de devenir amis de l'empereur ? Et

7*

là même, quelle fragilité ! Que de périls ! Périls sans nombre pour arriver à un plus grand péril ! Et puis, quand cela sera-t-il ? Au contraire, AMI DE DIEU, SI JE VEUX L'ÊTRE, JE LE SUIS A L'INSTANT. »

Cela dit, tourmenté par l'enfantement d'une vie nouvelle, il fixa les yeux sur le livre. Il lisait, et vous mon Dieu, vous suiviez du regard le changement de son cœur, déjà dépouillé du monde, comme on vit bientôt.

Il lisait, et les flots de son âme roulaient frémissants ; il vit, il embrassa le meilleur parti, et, tout à vous, il dit à son ami : « C'en est fait ! je romps avec nos espérances, déterminé à servir Dieu. A cette heure, en ce lieu, je commence. Si tu hésites à me suivre, n'essaie pas de me détourner. »

L'autre répond qu'il se fait son compagnon pour une si belle campagne et un si grand butin. Et tous deux, déjà à votre service, travaillaient à la tour qui grandit de tout ce qu'on perd pour vous suivre.

Cependant, Potitianus et son ami, après s'être promenés dans une autre partie du jardin, arrivèrent, en les cherchant, à cette cabane et les engagèrent à retourner, car le jour baissait.

Mais eux, déclarant leur dessein, comment ils y étaient entrés et s'y étaient affermis, les prièrent de ne pas contrarier leur résolution, s'ils refusaient de la partager.

Ceux-ci, ne se sentant pas changés, pleurèrent néanmoins sur eux-mêmes, disait Potitianus. Ils félicitèrent pieusement leurs amis, se recommandèrent à leurs prières, puis ils retournèrent au palais, traînant leur cœur à terre, tandis que les autres, le cœur au ciel, restèrent dans la cabane.

Tous deux avaient des fiancées qui, à cette nouvelle, vous consacrèrent leur virginité.

II

TEL fut le récit de Potitianus, et vous, Seigneur, pendant qu'il parlait, vous me retourniez vers moi-même, vous me contraigniez, malgré mes efforts, à me voir en face, à contempler toute ma laideur et ma difformité, mes taches, mes souillures, mes ulcères. Je me voyais et j'avais horreur, et nul moyen de fuir ! Si j'essayais de détourner la vue, cet homme poursuivait son récit, et vous m'opposiez de nouveau mon image, l'imprimant dans mes yeux, pour me contraindre à voir mon iniquité et à la maudire. Je la connaissais bien ; mais, par dissimulation, par connivence, je l'oubliais !

Alors aussi, plus ma sympathie était ardente envers ceux que ces salutaires mouvements avaient jetés dans vos bras pour être guéris, plus je ressentais de haine contre moi-même, quand je me comparais avec eux.

Que de temps perdu ! douze ans, peut-être, depuis

cette dix-neuvième année de mon âge, où la lecture de l'*Hortensius* avait éveillé en moi l'amour de la sagesse; et je différais encore de sacrifier ce vain bonheur terrestre à la poursuite de cette félicité dont la recherche seule, sans la possession, serait encore préférable à tous les trésors, à toutes les royautés, à toutes les voluptés du monde!

Malheureux que j'étais, malheureux dès l'adolescence! Car alors je vous avais demandé la chasteté, et je vous avais dit : « Donnez-moi la chasteté et la continence, mais pas encore. » Je craignais d'être trop tôt exaucé, d'être trop tôt guéri de ce mal de concupiscence que j'aimais mieux assouvir qu'éteindre. Et je m'étais engagé dans les voies d'une superstition sacrilège; je n'y trouvais pas la certitude, et pourtant je la préférais aux doctrines que je combattais en ennemi, au lieu de les étudier pieusement en disciple.

Je m'étais imaginé que, si je différais de répudier les espérances du siècle pour m'attacher à vous seul, c'était faute d'apercevoir quelque lumière certaine qui dirigeât ma course. Mais le jour était venu où je me voyais nu, où ma conscience me criait : « Où es-tu, langue, qui disais que l'incertitude du vrai t'empêchait seule de renoncer à ton bagage de vanité? Eh bien! tout est certain maintenant, la vérité te presse; à de plus libres épaules sont venues des ailes qui emportent ces âmes à qui il n'a fallu ni tant de recherches, ni dix ans de méditation. »

Ainsi je me rongeais en dedans, pénétré d'une horrible honte, tandis que Potitianus parlait.

Quand il eut fini son discours et l'affaire qui l'amenait, il se retira. Alors, que ne me dis-je pas à moi-même ! De quels coups le fouet de mes pensées meurtrit mon âme, l'excitant à me suivre dans mes efforts pour vous joindre ! Elle regimbait, refusant et s'excusant. Elle avait épuisé les arguments; tous étaient réfutés. Il ne lui restait qu'une peur muette. Elle appréhendait comme la mort d'être arrachée à l'habitude qui la faisait mourir.

CHAPITRE DIX-HUITIÈME.

E dernier combat fut le plus acharné. Ce fut une sorte d'agonie, qui eut pour théâtre, comme la divine agonie du Sauveur, la solitude d'un jardin.

C'était vers la fin du mois d'août, ou au commencement de septembre, l'an de Jésus-Christ 386, — date mémorable dans les glorieuses annales de l'Eglise. De longues heures s'étaient passées à converser avec Potitianus ; le soir approchait. Augustin courut se cacher, avec son inséparable Alypius, au fond d'un petit jardin attenant à sa maison, et se laissa tomber sous un figuier, terrassé par la grâce divine, comme autrefois Paul sur la route de Damas. Il pleurait, il sanglotait, quand, tout à coup, une voix céleste, semblable à une douce voix d'enfant ou de jeune fille, modula ces mots chantés comme un refrain : Tolle, lege ! Tolle, lege !

Il prit le livre de saint Paul, il lut un verset de l'Epître aux Romains... Ce fut tout. Celui qui d'une parole a créé la lumière et tiré du néant l'univers, d'une parole venait de convertir Augustin, et de faire de lui un homme nouveau.

*Mais pourquoi commenter ce récit admirable qu'on ne
peut lire sans pleurer? C'est le cœur qui doit
méditer en silence ces pages touchantes, les
plus belles peut-être de toutes celles qui
furent jamais écrites sous la dictée
du repentir, de la recon-
naissance et de
l'amour.*

I

PENDANT cette rixe domestique si violente, où je poursuivais mon âme dans son plus intime réduit, le visage troublé comme l'esprit, je cours à Alypius et je m'écrie : « Qu'attendons-nous ? Qu'est ceci ? N'as-tu pas entendu ? Les ignorants se lèvent, et prennent le ciel d'assaut, et nous, avec notre science, lâches que nous sommes, nous nous vautrons dans la chair et le sang ? Rougissons-nous d'être devancés ? Ne faut-il pas plutôt rougir de ne pas les suivre ?... »

Telles furent à peu près mes paroles ; mon agitation m'emporta brusquement loin de lui ; il me regardait, étonné, muet. Car ma voix était étrange : plus que mes paroles, mon front, mes joues, mes yeux, le teint du visage, le ton de la voix, trahissaient mon âme.

Notre demeure avait un petit jardin dont nous jouissions, comme de la maison ; car le propriétaire, notre hôte, n'y habitait pas. L'orage de mon cœur m'avait poussé là où personne ne viendrait interrompre la lutte ardente que j'avais engagée contre moi-même ; vous en connaissiez l'issue, je l'ignorais. Mais cette fureur ramenait la raison, cette mort me rendait la vie ; connaissant mon mal, j'ignorais quel bien allait en prendre la place.

Je me retirai dans ce jardin, Alypius m'y suivit. J'étais dans la solitude, même avec lui. Et pouvait-il me quitter en un tel état? Nous nous assîmes le plus loin possible de la maison.

Dans mon trouble, je frémissais d'indignation contre moi, de ce que je ne courais pas à votre bon plaisir, à votre alliance, ô mon Dieu, où tout mon être me criait d'aller et me poussait jusqu'au ciel, en vous bénissant. Et pour cela il ne fallait ni char, ni navire; il ne fallait pas même ce pas qui nous séparait de la maison. Aller, et même arriver, c'était vouloir aller, vouloir arriver, mais vouloir pleinement, fortement, et non d'une volonté languissante, indécise, qui se tourne, se retourne, se soulève à demi en se débattant contre l'autre moitié d'elle-même qui retombe.

Et dans l'angoisse de mes indécisions, je faisais de ces mouvements du corps que quelquefois les hommes veulent en vain produire, parce que les membres font défaut, ou qu'ils sont enchaînés, brisés par la maladie, retenus par quelque autre entrave. Si je m'arrachais les cheveux, si je me frappais le front, si j'embrassais mes genoux de mes doigts entrelacés, je le faisais parce que je le voulais. Mais tout en voulant, je ne l'aurais pu, si, pour m'obéir, mes membres n'avaient pas eu la faculté de se mouvoir. Que d'actions j'ai faites, où vouloir et pouvoir n'était pas tout un!

Alors je ne faisais pas ce qui me plaisait incomparablement plus, ce qu'il suffisait de vouloir pour pouvoir, car il m'était impossible de vouloir sans vouloir. Ici la puissance n'était autre que la volonté : vouloir, c'était faire.

Et pourtant rien ne se faisait ; mon corps obéissait plus facilement à la moindre des volontés de mon âme, qui d'un signe lui commandait de se mouvoir, que mon âme ne s'obéissait à elle- même pour accomplir volontairement ce qu'elle voulait davantage (1).

II

D'où vient ce prodige ? quelle en est la cause ? Faites luire votre miséricorde, ô mon Dieu ; que j'interroge ces abîmes de misère et les mystères des châtiments infligés aux enfants d'Adam ; peut-être pourront-ils me répondre.

Pourquoi ce prodige ? Quelle en est la cause ? L'âme commande au corps, elle est obéie. Elle se commande à elle-même, elle trouve de la résistance. L'âme commande à la main de se mouvoir, et telle est la rapidité de l'exécution, qu'on peut à peine la distinguer du commandement ; et pourtant l'âme est esprit, et la main est corps. L'âme commande à l'âme de vouloir ; celle qui reçoit l'ordre est la même

(1) Livre viii, c. 8.

que celle qui le donne; et cependant elle n'obéit point. Encore une fois d'où vient ce prodige? L'âme se commande à elle-même de vouloir; elle ne se donnerait point l'ordre, si déjà elle n'avait la volonté, et ce qu'elle a commandé ne se fait point. C'est qu'elle ne veut qu'à demi; elle n'ordonne donc qu'à demi. Le commandement est en proportion du vouloir; son inexécution est en proportion du non-vouloir. C'est ma volonté, et non quelque autre, qui se dit : *Que je veuille!* Elle ne commande qu'à moitié; aussi n'est-elle pas obéie. Car si elle était pleine et entière, elle ne dirait pas : *Que je sois!* puisqu'elle serait.

Ce n'est donc pas un prodige que cette volonté partagée qui veut et ne veut pas; l'âme est malade; soulevée par la vérité, accablée par l'habitude, elle ne se relève pas tout entière, et de là, deux volontés, toutes deux incomplètes, l'une ayant ce qui manque à l'autre (1).

III

Telle était la maladie de mon âme, et, dans mes tortures, je m'accusais moi-même avec plus d'amertume que jamais, me retournant et me débattant dans ma chaîne pour achever de la rompre; car si

(1) Livre viii, c. 9.

elle me retenait à peine, elle me retenait pourtant.

Et vous me pressiez, Seigneur, au plus secret de mon âme; votre sévère miséricorde frappait à coups redoublés du fouet de la crainte et de la honte, m'interdisant toute relâche, jusqu'à ce que fût rompu ce faible et dernier anneau, qui, sans cela, pouvait se fortifier et m'étreindre plus étroitement que jamais.

Je me disais à moi-même au fond du cœur : A l'œuvre ! et le désir s'affermissait avec la parole. J'allais agir, et je n'agissais pas. Je ne retombais pas dans l'abîme de ma vie passée; mais, debout sur le bord, je reprenais haleine, puis je faisais des efforts pour approcher, je touchais presque au but, je le tenais, je l'embrassais... Hélas! je n'y étais pas encore, je ne tenais, je n'embrassais rien; hésitant à mourir à la mort, à vivre à la vie, je me laissais dominer plutôt par le mal, ce compagnon accoutumé, que par le mieux, cet inconnu. Plus l'instant de mon changement approchait, plus il me frappait d'épouvante; sans me détourner, je restais en suspens.

Elles me retenaient encore, ces folles bagatelles, ces vanités, mes anciennes amies, et, me secouant par la robe de ma chair, elles murmuraient tout bas : Tu nous quittes? Dès ce moment nous ne serons plus jamais avec toi ? Dès ce moment, ceci, cela, ne te sera plus permis, plus jamais ?

Et sous ces mots : *ceci, cela*, que me suggéraient-elles? O mon Dieu, que votre miséricorde en délivre l'âme de votre serviteur ! Que me suggéraient-elles ? quelles indignités ! quelles hontes !

Je ne les entendais plus qu'à demi ; elles ne m'attaquaient plus de front, provocantes, hardies ; mais, chuchotant derrière moi, risquant une furtive attaque, elles essayaient d'obtenir un regard... Je m'éloignais ; elles me retardaient toutefois, j'hésitais à me débarrasser d'elles pour courir où j'étais appelé ; car la violente habitude me disait : Penses-tu pouvoir vivre sans elles ?

Mais elle ne le disait plus que faiblement ; car, du côté où je tournais la face et où je redoutais d'aller, la chasteté se présentait à moi, pleine d'une majesté sereine, modestement souriante et m'invitant, avec une aimable réserve, à m'approcher sans crainte. Elle tendait vers moi pour m'embrasser ses pieuses mains, toutes pleines de bons exemples : Enfants, jeunes filles, jeunesse nombreuse, tous les âges, veuves vénérables, vierges parvenues à la vieillesse, saintes âmes en qui la continence n'avait pas été stérile, mais féconde en joies célestes qu'elle vous doit, ô Dieu, son époux.

Et avec une douce et encourageante ironie, elle semblait me dire : *Quoi ! tu ne pourras pas ce qu'ont pu ceux-ci, celles-ci ?* Et l'ont-ils pu par eux-mêmes ? N'est-ce pas en Dieu leur Seigneur ? C'est le Seigneur leur Dieu qui me donne à eux. Pourquoi t'appuyer sur toi-même ? C'est être sans appui. Jette-toi en lui sans crainte ; il ne se dérobera pas pour te laisser tomber. Jette-toi hardiment : il te recevra, il te guérira.

Et comme je rougissais en moi-même d'entendre

encore le murmure des vanités, et restais indécis, hésitant, elle me dit encore : Sois sourd aux voix impures de la chair qu'il faut mortifier. Les délices qu'elles te racontent, que sont-elles, comparées aux douceurs de la loi du Seigneur ton Dieu !

Cette lutte était toute en mon cœur, où je m'avais moi-même pour adversaire. — Alypius, attaché à mes côtés, attendait silencieux l'issue de cette crise étrange (1).

IV

Quand, du plus intime de moi-même, une réflexion profonde eut retiré et amassé toute ma misère sous le regard de mon cœur, il s'y éleva une grande tempête, nuée chargée d'une pluie de larmes. Pour laisser fondre l'orage avec tous ses gémissements, je m'éloignai d'Alypius ; les pleurs réclamaient la solitude, et je me retirai assez loin pour n'être pas importuné même d'une aussi chère présence.

Tel était mon état, et il s'en aperçut : j'avais dit quelques mots d'une voix déjà pleine de larmes. Je me levai. Il demeura à l'endroit où nous étions assis, plongé dans une profonde stupeur.

Et moi, j'allai m'étendre, je ne sais comment, sous

(1) Livre VIII, c. 11.

un figuier; là je donnai un libre cours à mes pleurs, qui coulèrent par torrents, sacrifice agréable à vos yeux, Seigneur.

Et je vous disais, non pas en ces termes, mais en ce sens : « *Jusques à quand, Seigneur, jusques à quand serez-vous irrité? Oubliez mes iniquités passées* (1); » car je sentais qu'elles me retenaient encore.

— Et je m'écriais en sanglotant : Jusques à quand? Jusques à quand?.. Demain? demain?.. Pourquoi pas à l'instant? pourquoi pas à cette heure en finir avec ma honte?

Je disais, et je pleurais dans toute l'amertume d'un cœur contrit.

Tout à coup j'entends sortir d'une maison voisine une voix d'enfant ou de jeune fille, qui répétait en chantant : PRENDS, LIS! PRENDS, LIS!

Et aussitôt, changeant de visage, je cherchai attentivement en ma mémoire quelque refrain semblable usité dans des jeux d'enfants.

Je ne trouvai rien. Réprimant alors la violence de mes larmes, je me levai, interprétant ce que j'avais entendu comme un ordre divin d'ouvrir le livre des Écritures et d'y lire le premier chapitre venu. Je savais qu'Antoine, survenant, un jour, à la lecture de l'Évangile, avait pris pour lui cet avertissement : *Allez, vendez ce que vous possédez, et donnez-le aux pauvres; vous aurez un trésor dans le ciel; et venez,*

______

(1) Psaume 6, 4. — Ps. 78, 5, 8.

suivez-moi (1), et qu'un tel oracle l'avait aussitôt converti. Je revins vite à la place où Alypius était assis, et où j'avais laissé, en me levant, le livre de l'Apôtre. Je le pris, l'ouvris et lus en silence le chapitre sur lequel tombèrent mes yeux.

Ne vivez pas dans les excès de la table et du vin, ni dans l'impureté et la débauche, ni dans les contestations et la jalousie; mais revêtez-vous de Notre-Seigneur Jésus-Christ, et ne prenez pas soin de votre chair jusqu'à la livrer à la concupiscence (2).

Je n'en voulus pas lire davantage; à quoi bon? Ces lignes à peine achevées, il se répandit dans mon cœur comme une lumière de sécurité qui dissipa les dernières ténèbres du doute.

Alors, après avoir marqué de l'ongle ou de je ne sais quel autre signe cet endroit du livre, je le fermai, et j'appris à Alypius d'un air tranquille ce qui m'était arrivé. Lui, me découvre ce qui, à mon insu, se passait en lui. Il me demande à voir ce que j'avais lu. Je le lui montre; lisant plus loin que moi, il s'arrête aux paroles suivantes, que je n'avais pas remarquées : *Assistez celui qui est faible dans la foi* (3). Il se les applique, et me l'avoue.

Fortifié par cet avertissement dans une résolution sainte, si bien d'accord avec la pureté de mœurs où il m'avait devancé depuis si longtemps, il se joint à moi sans hésitation et sans trouble.

(1) Matt. xix, 21.
(2) Ép. aux Rom., xiii, 13, 14.
(3) Ép. aux Rom. xiv, 1.

A l'instant, nous allons trouver ma mère, nous lui indiquons ce qui se passe, elle se réjouit. Nous lui racontons comment cela est arrivé, elle tressaille de joie, elle triomphe.

Elle vous bénissait, ô mon Dieu, dont la puissance va bien au delà de nos prières et de nos pensées; elle vous bénissait de lui avoir accordé en moi bien plus que ne vous demandaient ses gémissements et ses larmes.

J'étais si pleinement converti, que je renonçais au mariage, à toute espérance du siècle, affermi sur cette règle de foi où, tant d'années auparavant, votre révélation m'avait montré debout à ma mère.

Ainsi vous avez changé son deuil en joie, au delà de tous ses désirs, en joie plus chaste et plus douce que celle qu'elle aurait trouvée en des fils nés de moi.

CHAPITRE DIX-NEUVIÈME.

ADIEUX AU MONDE.

*E grand cœur d'Augustin avait trop de gé-
nérosité pour se donner à demi. Pour lui,
se convértir, c'était tout quitter et s'attacher à Dieu seul.*

*Le brillant rhéteur renonça sans regret à sa chaire
d'éloquence. S'il attendit une vingtaine de jours l'ou-
verture des vacances d'automne avant de déclarer
son dessein, ce fut dans le désir d'éviter l'éclat et
de ne pas livrer aux commentaires de la foule les
secrets de son âme.*

*Aussi bien sa santé chancelante lui fournissait une
excuse légitime. Elle le dispensait de faire au public
toute autre confidence.*

*Verecundus, citoyen de Milan, professeur de
grammaire, ami intime d'Augustin, qu'il regrettait
amèrement de ne pouvoir suivre dans sa retraite, lui
offrit une villa, située à peu de distance de la ville,
au pied des montagnes, et nommée Cassiciacum* (1).

(1) Dix ans plus tard, le jeune disciple d'Augustin, Licentius,
chantait en beaux vers les charmes de cette solitude :

> O mihi transactos revocet si pristina soles
> Lætificis aurora rotis, quos libera tecum
> Otia tentantes et candida jura bonorum,
> Duximus Italiæ medio montesque per altos !

*Là s'établit bientôt la pieuse colonie qui comptait,
outre Augustin et sa sainte mère, son frère Navigius, ses intimes amis Alypius et Nebridius, deux
jeunes gens, ses disciples préférés, Trygetius
et Licentius (ce dernier, fils de Romanianus,
son bienfaiteur), enfin ses cousins Lasti-
dianus et Rusticus et son fils Adeodatus, « le plus petit par l'âge, disait
Augustin, mais dont l'esprit, si
ma tendresse ne m'aveugle,
promet quelque chose de
grand » (1).*

(1) *De beata vita,* c. 1.

I

OSEIGNEUR, je suis votre serviteur ; je suis votre serviteur et le fils de votre servante. Vous avez brisé mes liens : je vous offrirai un sacrifice de louanges (1).

Que mon cœur, que ma langue vous louent, et que tous mes os vous disent : *Seigneur, qui est semblable à vous ?* Qu'ils parlent, et vous mon Dieu, répondez-moi, *dites à mon âme : Je suis ton salut* (2).

Qui étais-je et quel étais-je ? Qu'est-ce qui n'était pas mauvais en mes actions, ou du moins en mes paroles, ou du moins en mes désirs ? Mais vous, Seigneur, vous êtes miséricordieux et bon ; vous avez mesuré du regard l'abîme de ma mort, et rejeté de mon cœur des flots de corruption.

Tout consistait à me faire vouloir ce que vous vouliez et ne plus vouloir ce que je voulais !

Mais où était donc, durant ces longues années, mon libre arbitre ? de quel réduit obscur et caché l'avez vous évoqué tout à coup, pour qu'il inclinât mon front sous votre aimable joug et mes épaules

(1) Psaume 104.
(2) Psaume 34.

7***

sous votre fardeau léger, ô Christ Jésus, mon soutien et mon rédempteur? Comme soudainement il me fut doux d'être sevré des vaines douceurs d'ici-bas ! J'avais craint de les perdre, et je les quittais avec joie. Car vous les chassiez loin de moi, douceur véritable et souveraine : vous les chassiez, et vous entriez à leur place, plus suave que tout plaisir pour l'âme affranchie de la chair et du sang ; plus brillant que toute lumière, et plus intime que ce qu'il y a de plus caché; plus sublime que toute élévation, mais non pas aux yeux de ceux qui s'exaltent eux-mêmes.

Déjà mon esprit était libre du dévorant souci de parvenir, de m'enrichir, de rouler dans la fange des passions mon âme lépreuse. Déjà je bégayais vos louanges, ô ma lumière, ma richesse, mon salut, mon Seigneur et mon Dieu (1)!

II

Je résolus en votre présence de dérober doucement et sans éclat le ministère de ma langue au trafic d'une vaine rhétorique, ne voulant plus désormais que des enfants préoccupés, non de votre loi, de votre paix, mais de mensonges, de folies, de disputes

---

(1) Livre IX, c. 1.

de forum, vinssent m'acheter les armes que ma parole vendait à leur fureur. Il ne restait heureusement que fort peu de temps jusqu'aux vacances d'automne. Je me décidai à prendre patience jusqu'au congé annuel, pour ne plus revenir mettre en vente votre esclave racheté.

Tel était notre commun dessein, à mes amis et à moi, dessein connu de vous, et ignoré des hommes. Nous étions convenus de n'en rien ébruiter. Sans doute, au sortir de la vallée des larmes, chantant *le Cantique des degrés* (1), armés par vous de flèches perçantes et de charbons ardents (2), nous étions forts contre la langue d'amis perfides qui nous arrêtent par leurs conseils et nous énervent par leur tendresse. Sans doute vous aviez blessé notre cœur de votre amour ; vos paroles restaient fixées en nous, comme autant de traits ; les exemples de vos serviteurs, que vous aviez rendus de ténébreux res- plendissants et de morts vivants, assiégeaient notre pensée, nous enflammaient, secouaient la torpeur qui nous eût fait pencher vers les choses basses. L'ardeur qu'ils nous inspiraient était si vive, que tout vent de contradiction soufflé par ces bouches trompeuses l'aurait attisée, au lieu de l'éteindre.

---

(1) Allusion aux quinze psaumes (du 119e au 133e) qu'on chantait en gravissant les degrés du Temple de Jérusalem. Saint Augustin commente ici le premier de ces admirables cantiques.

(2) *Domine, libera animam meam a labiis dolosis et a lingua dolosa... Sagittæ potentis acutæ cum carbonibus desolatoriis* (Ps. 119e).

Cependant notre pieux projet, une fois divulgué, aurait aussi trouvé des approbateurs parmi ceux qui louent votre nom, glorifié par toute la terre; et dès lors n'y aurait-il pas eu, de notre part, quelque apparence d'ostentation à ne pas attendre les prochaines vacances et à quitter brusquement une charge publique, au risque d'attirer sur nous les regards? N'aurait-on pas dit qu'en prévenant de quelques jours la clôture des classes, nous cherchions à nous faire valoir? Et à quoi bon livrer ainsi nos secrets aux commentaires de la foule et appeler le blasphème sur une œuvre sainte?

Aussi bien, cet été-là même, l'extrême fatigue de l'enseignement avait épuisé ma poitrine; ma respiration était devenue très pénible; les douleurs internes témoignaient de la lésion du poumon, et ma voix avait perdu de sa limpidité et de son étendue. J'avais été d'abord très troublé de mon état, craignant d'être réduit à renoncer à ma profession, ou du moins à en interrompre quelque temps l'exercice pour essayer de rétablir ma santé.

Mais du moment où j'eus conçu et fortement arrêté la résolution de tout abandonner pour m'occuper uniquement de vous, ô mon Dieu, vous le savez, je fus heureux d'avoir cette sincère excuse pour modérer le mécontentement des parents qui, ne songeant qu'à leurs fils, ne m'auraient jamais permis d'être libre. Plein de cette joie, je pris patience pendant le peu de temps qui restait encore, une vingtaine de jours, peut-être. Ils me parurent bien longs! Je n'avais plus pour me soutenir la passion qui naguère allégeait mon fardeau ; il m'aurait accablé, si la patience ne fût venue à mon secours.

Quelqu'un de vos serviteurs, mes frères, me reprochera-t-il d'avoir pu, le cœur déjà brûlant de vous servir, m'asseoir encore une heure dans la chaire du mensonge ? Je ne prétends pas me justifier. Mais, Seigneur très miséricordieux, n'avez-vous pas effacé ce péché dans l'eau sainte, avec tant d'autres hideuses et mortelles souillures (1) ?

III

Notre bonheur était pour Verecundus la cause d'une anxiété cruelle ; retenu dans le monde par le plus étroit lien, il se voyait sur le point d'être séparé de nous.

Encore infidèle, il trouvait dans sa femme, qui était chrétienne, la plus forte entrave qui le retardât à l'entrée de la voie où nous allions marcher, et il ne voulait être chrétien que de la manière dont il ne pouvait l'être.

Mais avec quelle bienveillance il mit à notre disposition l'une de ses villas, pour toute la durée de

(1) Livre ix, c. 2.

notre séjour ! Vous l'en récompenserez pleinement, Seigneur, à la résurrection des justes, car une partie de la dette est déjà payée. En effet, après notre départ, tandis que nous étions à Rome, Verecundus, étant tombé malade, se fit chrétien et sortit de cette vie avec la foi. Ce fut ainsi que vous eûtes pitié et de lui et de nous ; car la pensée qu'un ami si tendre et si dévoué ne faisait point partie de votre troupeau eût été pour notre âme un intolérable tourment. Grâce à vous, ô mon Dieu, nous sommes vôtres ; témoins les encouragements et les consolations que vous nous donnez. Fidèle à vos promesses, en retour de l'hospitalité de Cassiciacum, paisible asile contre les orages du siècle, vous accorderez à Verecundus l'éternel et délicieux printemps de votre paradis, puisque vous lui avez remis ses péchés ici-bas, l'établissant sur votre montagne, abondante en biens, féconde en fruits.

J'ai dit les angoisses de cet ami. Pour Nebridius, il partageait notre joie, bien qu'il ne fût pas encore chrétien, pris au piège de cette pernicieuse erreur qui lui faisait regarder comme un fantôme le corps du Verbe incarné (1). Il s'en retirait néanmoins ; étranger aux sacrements de votre Eglise, il se montrait infatigable investigateur de la vérité.

Peu de temps après ma conversion et ma renais-

____

(1) Nebridius, qui semble n'avoir pas donné dans les erreurs du manichéisme, s'était laissé surprendre par les sophismes d'autres hérétiques qui niaient la réalité de l'incarnation.

sance par le baptême, devenu lui-même fidèle catholique, il retourna en Afrique, où il vivait dans la continence et la chasteté parfaite, avec toute sa famille qu'il avait rendue chrétienne. Vous l'avez, Seigneur, délivré des liens du corps, et il vit maintenant dans le sein d'Abraham. Quoi qu'on doive entendre par ce sein d'Abraham (1), c'est là qu'il vit, mon Nebridius, mon doux ami, de votre affranchi devenu votre fils, ô mon Dieu! C'est là qu'il vit! Et quel autre lieu digne d'une telle âme! Il vit dans ce séjour au sujet duquel il me posait tant de questions, à moi, homme ignorant et misérable. Il n'approche plus l'oreille de ma bouche, mais il approche la bouche de son âme de votre source, et il y boit la sagesse, selon son pouvoir et son désir, heureux sans fin!

Je ne pense pas toutefois que cette sainte ivresse lui fasse oublier ses amis, puisque vous, Seigneur, source où il s'enivre, ne m'oubliez pas!

Voilà où nous en étions, consolant Verecundus, attristé de notre changement sans nous en aimer moins, et l'exhortant au degré de perfection compatible avec son état, c'est-à-dire la vie conjugale.

Quant à Nebridius, nous attendions qu'il suivît notre exemple; il le pouvait, il en était près, il allait le faire.

Enfin ils s'écoulèrent, ces jours d'attente qui nous

(1) Saint Augustin l'explique ailleurs : Le sein d'Abraham, c'est le lieu secret et mystérieux qu'il habite, le ciel où il se cache en Dieu. (*Sermo XIV, alias, de tempore,* 110.)

avaient semblé si nombreux, si longs, impatients
que nous étions de cette liberté, de ce loisir aimé,
où nous pourrions chanter : *Mon cœur vous appelle ;
j'ai cherché votre visage, Seigneur ; je le chercherai
toujours* (1).

(1) Psaume 26. — *Confessions*, L. IX. c. 3.

CHAPITRE VINGTIÈME.

CASSICIACUM.

NOUS savons, par le récit d'Augustin lui-même, quelle vie toute céleste il menait dans cette solitude, en compagnie de sa mère et de ses amis. Dans les divers ouvrages qu'il écrivit alors, il a semé les détails qui, réunis, nous offrent le charmant tableau d'une journée à Cassiciacum.

On se levait avec le jour ; mais, tandis que la maison était plongée dans les ténèbres et le sommeil, Augustin consacrait de longues heures à converser intimement avec Dieu (1).

Après la prière commune, pendant que Monique donnait ses soins au ménage, son fils présidait aux travaux rustiques et assignait à chacun sa tâche (2).

Puis, on se livrait à l'étude. Augustin écrivait des lettres ou commentait quelque auteur classique, Virgile, par exemple ; ses amis, ses disciples cultivaient de leur côté la philosophie, la poésie ; après quoi,

(1) *De ordine*, L. I, c. 3.
(2) *Contra Academ.* L. I, c. 5.

tous se réunissaient pour conférer ensemble sur les plus graves questions (1).

Quand le ciel était serein et la température douce, on se levait de meilleure heure, et, dans la prairie voisine, à l'ombre d'un arbre préféré, on parlait de Dieu en admirant ses œuvres (2). Si le temps était moins favorable, une salle de bains offrait un tranquille et tiède abri.

Pour garder le souvenir de ce qui s'échangeait, dans ces entretiens, d'utiles réflexions et de saintes pensées, le style du sténographe courait sur les tablettes, et les notes de ce rapide procès-verbal, soumises à l'approbation de tous, étaient rédigées ensuite avec une sollicitude dont nous avons lieu d'être reconnaissants; car nous lui devons plusieurs ouvrages que le saint docteur publia dès cette époque et qui n'ont pas d'autre origine, tels que sa réfutation des néo-académiciens, le livre de la Vie Bienheureuse, *le traité* de l'ordre ou de la Providence divine.

Dans ses Rétractations, *il s'accuse humblement des légères erreurs échappées alors à sa plume. Ses études, déjà toutes consacrées à Dieu, respiraient encore, à l'en croire, l'orgueil de l'école. Lui seul était à s'en apercevoir; tout au plus la forme du style a-t-elle gardé quelque chose d'un peu recherché qui rappelle les dialogues de Platon et de Cicéron, ces*

(1) *Disputare cœperamus, sole jam in occasum declinante, diesque totus cum in rebus rusticis, tum in recensione primi libri Virgilii peractus fuit.* (Contra Acad., L. ii, c. 4.)

(2) *Contra Acad.*, L. ii, c. 4.

maîtres longtemps chers au jeune rhéteur de Milan.

La Philosophie dont il vante les charmes est toute chrétienne; chaque page qu'il dicte ou qu'il écrit est embaumée du nom de Jésus. C'est de cette philosophie tirée de l'Evangile qu'il entend parler, quand il dit à son ami Romanianus : Elle me nourrit, elle me réchauffe sur son sein, après m'avoir pleinement délivré de l'erreur (manichéenne) à laquelle je vous avais entraîné. C'est elle qui m'apprend à mépriser absolument tout ce qui frappe les yeux mortels, tout ce que peuvent atteindre les sens. C'est elle qui promet de me révéler le Dieu véritable et caché, et qui déjà daigne me le découvrir peu à peu, comme à travers une nuée lumineuse (1).

Un jour, c'était l'anniversaire de sa naissance, Augustin, après un frugal repas qui laissait l'esprit libre, réunit ses hôtes dans la salle de bains. La discussion s'engagea sur le Bonheur (2). *Monique, qui, depuis la conversion de son fils, goûtait par avance la joie du ciel, excita l'admiration de tous par la sagesse et la profondeur de ses pensées, au point qu'Augustin s'écria, dans son enthousiasme :* Ipsam prorsus, mater, arcem philosophiæ tenuisti (3)!

Mais ce que le grand converti préférait aux spécu-

(1) *Contra Academ.* L. 1, c. 1. Dédicace à Romanianus.
(2) *De Beata vita.*
(3) La question était celle-ci : L'homme qui a ce qu'il souhaite est-il heureux ? — Monique avait répondu : Oui, s'il veut et obtient ce qui est bien ; non, s'il veut et obtient ce qui est mal. — Ma mère, vous avez atteint le plus haut sommet de la philosophie !

lations les plus sublimes, c'étaient les élans de foi,
les cris de confiance ou de repentir échappés au cœur
de David pénitent. Quand il s'oubliait à les commenter tout haut, ses amis charmés l'écoutaient
en silence. Et lui, dans son zèle, aurait
voulu se faire entendre de tous les
hommes, pour les ramener du mensonge à la vérité et des vaines joies
de la terre aux délices de
l'éternel amour.

I

ENFIN le jour arriva où je quittai de fait ma profession abandonnée déjà en désir. C'était fini ! Vous affranchissiez ma langue, après avoir affranchi mon cœur. Et plein de joie, vous bénissant, ô mon Dieu, je me rendis à la campagne avec tous les miens.

Dans cette solitude, je repris l'étude des lettres, la consacrant à votre service, mais y respirant encore l'orgueil de l'école, semblable au coureur qui reste essoufflé, quand déjà il a fait halte. C'est ce que témoignent les livres où sont consignées nos communes discussions et mes méditations solitaires, ainsi que les lettres que j'adressais à Nebridius, durant son absence (1). Mais le temps suffirait-il à rappeler toutes les grâces dont vous m'avez alors comblées ? Aussi bien je me hâte d'arriver à des objets plus importants.

Ma mémoire me rappelle à vous, Seigneur, et il m'est doux de proclamer par quels secrets aiguillons vous m'avez dompté, comment vous avez abaissé,

---

(1) Saint Augustin a résumé ces méditations dans le livre intitulé : *Soliloques,* ou pieux entretiens avec Dieu et avec lui-même. On a vu (*Confess.* L. VIII, c. 6) que Nebridius était alors retenu à Milan, où il suppléait Verecundus dans sa chaire de grammairien.

aplani les montagnes et les collines de mes pensées, comment vous avez redressé mes voies tortueuses et adouci mes aspérités, comment enfin vous avez soumis Alypius, mon frère de cœur, au joug de votre Fils unique, notre Seigneur et Sauveur Jésus-Christ, dont il voulait d'abord que le nom fût dédaigneusement écarté de nos écrits. Il aimait mieux y respirer l'odeur de ces cèdres de la philosophie dont le Seigneur a brisé l'orgueil, que ces humbles plantes de l'Evangile dont les sucs salutaires guérissent de la morsure des serpents.

Quels étaient mes transports, ô mon Dieu, quand je lisais tout haut les Psaumes de David, ces cantiques de la foi, ces hymnes de la piété qui bannissent l'orgueil ! Novice encore dans la science de votre amour, je partageais les loisirs de ma retraite avec Alypius, catéchumène comme moi, et avec ma mère, compagne inséparable, femme à la foi virile, unissant à la sérénité de la vieillesse la charité d'une mère et la ferveur d'une sainte.

II

Avec quel enthousiasme je récitais ces psaumes et de quelle flamme ils m'embrasaient pour vous ! Je brûlais de les chanter à toute la terre, s'il était possible, pour confondre l'orgueil du genre humain. Et ne se chantent-ils pas dans le monde entier ? Et qui peut se dérober à votre chaleur (1) ?

Quelle violente et douloureuse indignation m'animait contre les Manichéens, quelle pitié m'inspiraient leur ignorance de ces mystères, et le délire de leur fureur contre le remède qui pouvait leur rendre la raison ! J'aurais voulu qu'ils se fussent trouvés là, près de moi, m'écoutant à mon insu, observant mon visage, le ton de ma voix, quand je lisais le psaume quatrième, et remarquant ce que ce psaume faisait de moi.

Je l'ai invoqué, et il m'a entendu, ce Dieu de justice (2) ; *dans la tribulation il a élargi ma voie. Ayez pitié de moi, Seigneur, exaucez ma prière !*

Que n'étaient-ils là pour m'entendre, mais à mon insu, pour qu'ils n'eussent pas lieu de croire que je leur adressais les réflexions dont j'entrecoupais ces divines paroles ! Et dans le fait, je me serais exprimé autrement, si j'avais eu conscience qu'ils me voyaient et m'entendaient ; et quand j'eusse prononcé les mêmes paroles, elles ne les auraient pas autant frappés que s'ils les avaient surprises au milieu d'un solitaire et familier épanchement de mon cœur avec vous.

Je frémissais d'épouvante, et tout ensemble je

____

(1) Allusion au Psaume 18e : *Nec est qui se abscondat a calore ejus.*

(2) *Deus justitiæ meæ.* Le Dieu, source de ma justice, auteur de ma justification. (Aug. *Enarration. in Ps. IV.*)

tressaillais d'espérance et de joie en votre miséricorde, ô Père! Ces sentiments s'échappaient par mes yeux, par ma voix, quand j'entendais votre Esprit d'amour nous dire : *Fils des hommes, jusques à quand aurez-vous le cœur appesanti? Pourquoi aimez-vous la vanité et cherchez-vous le mensonge?*

J'avais aimé la vanité, j'avais cherché le mensonge! Et cependant, Seigneur, déjà vous aviez exalté votre Saint, le ressuscitant des morts et le plaçant à votre droite, pour qu'il envoyât d'en haut le consolateur promis, l'Esprit de vérité ; déjà il l'avait envoyé, et je ne le savais pas !

Il l'avait envoyé, parce qu'il était déjà glorifié, ressuscité des morts et monté au ciel. Car, avant la glorification de Jésus, le Saint-Esprit ne nous avait pas été donné.

Et le prophète s'écrie : *Jusques à quand aurez-vous le cœur appesanti? Pourquoi aimez-vous la vanité et cherchez-vous le mensonge? Apprenez donc que le Seigneur a exalté son Saint.*

Il s'écrie : *Jusques à quand?...* Il s'écrie : *Apprenez!...* Hélas! si longtemps j'avais, dans mon ignorance, aimé la vanité, cherché le mensonge. C'est pourquoi j'écoutais tout tremblant à la pensée que j'avais été un de ceux que ces paroles accusent. J'avais pris pour la vérité des fantômes de vanité et de mensonge. Aussi quels accents profonds et véhéments m'inspirait la douleur de mes souvenirs ! Oh ! que n'ont-ils été entendus de ceux qui maintenant encore aiment la vanité et cherchent le mensonge!

Peut-être en eussent-ils été troublés, peut-être eussent-ils vomi le poison de leur erreur ! Et vous les eussiez exaucés, s'ils avaient crié vers vous, car il est vraiment mort pour nous de la mort de la chair, Celui qui intercède près de vous en notre faveur.

III

JE lisais : *Mettez-vous en colère, mais sans pécher.* — Comme j'étais ému de ces paroles, moi qui déjà avais appris à me mettre en colère contre mes iniquités passées pour n'y plus tomber à l'avenir ! Sainte et juste colère, puisque ce n'était pas une autre nature, issue des ténèbres, qui péchait en moi, comme le disent (1) ceux qui, ne voulant point se mettre en colère contre eux-mêmes, amassent sur leur tête des trésors de vengeance, pour le jour où éclateront votre fureur et la juste sévérité de vos jugements.

Déjà les biens que j'aimais n'étaient plus ceux du dehors ; mes yeux corporels ne les cherchaient plus dans ce soleil qui nous éclaire. Ceux qui veulent trouver leur joie au dehors se dissipent comme la fumée, se répandent sur les objets visibles et tem-

(1) Les Manichéens.

porels, dont leur esprit affamé effleure le fantôme comme du bout des lèvres. Oh ! s'ils se fatiguaient de leur indigence, en disant : *Qui nous montrera le Bien ?* Oh ! s'ils entendaient notre réponse : *La lumière de votre face s'est imprimée en nous, Seigneur !* Car nous ne sommes pas cette Lumière qui éclaire tout homme ; mais c'est vous qui nous éclairez, afin que des ténèbres, que nous étions, nous devenions lumière en vous. Oh ! s'ils voyaient cette lumière intérieure, éternelle ! Je l'avais goûtée, et je frémissais de ne pouvoir la montrer. L'aurais-je pu, si, distraits de vous, tout au dehors, le cœur pour ainsi dire dans les yeux, ils étaient venus me dire : *Qui nous montrera le Bien ?*

Car c'est là, dans l'intime réduit de l'âme, où je m'étais irrité contre moi-même ; où, pénétré de repentir, je vous avais sacrifié le vieil homme ; où, plein de confiance en vous, je vous offrais les prémices du renouvellement de ma vie ; c'est là que j'avais commencé à savourer votre douceur et que vous aviez donné à mon cœur l'allégresse.

Ainsi je poussais des cris au dehors en lisant ces vérités reconnues au dedans. Je ne voulais plus me perdre dans la multiplicité des biens terrestres, abusant du temps, usé par lui, lorsque je trouvais en votre Unité, en votre Eternité, l'abondance *du froment, de l'huile et du vin.*

Et le verset suivant arrachait à mon cœur un long cri : *Oh ! dans sa paix !... Oh ! en lui-même !* Douce parole : *Je m'endormirai, je me reposerai* en Dieu !

Et qui pourra nous résister, quand s'accomplira cette autre promesse : *La mort a été engloutie dans la victoire* (1)!

Vous êtes, Seigneur, celui qui est, celui qui ne change pas ; en vous on trouve le repos et l'oubli de toutes les peines, parce que nul n'est semblable à vous ; et qu'il est inutile de chercher ce qui n'est pas vous. *Vous seul, Seigneur, m'avez affermi dans mon unique espérance.*

Je lisais, et mon cœur brûlait, et je ne savais comment me faire entendre de ces sourds, de ces morts dont j'avais été l'un des pires, aboyeur aveugle et acharné contre vos Saintes Ecritures qui distillent le miel céleste et brillent de votre lumière. En pensant à leurs ennemis, je séchais de douleur.

Mais quand épuiserai-je tous les souvenirs de cette heureuse retraite ?

IV

CE que je n'ai pas oublié, ce que je ne passerai pas sous silence, c'est la rigueur du fouet de votre justice et la merveilleuse célérité de votre miséricorde. Vous me torturiez un jour par un mal de dents si violent que je ne pouvais parler (2). L'idée me vint de de-

(1) Ire Épître aux Corinthiens, xv, 54.
(2) La douleur lui rendait même l'étude presque impossible. (*Soliloques*, L. I, c. 12.)

mander à mes amis présents de vous adresser pour moi une prière, ô Dieu de qui vient tout soulagement et tout salut. J'écrivis mon désir sur une tablette que je leur donnai à lire. A peine un sentiment pieux nous eut-il fait fléchir le genou, que la douleur disparut. Et quelle douleur ! et comme elle s'évanouit ! J'en fus épouvanté, je l'avoue, Seigneur mon Dieu; de ma vie je n'avais rien éprouvé de semblable. Je fus dès lors pénétré bien profondément de la puissance de vos moindres volontés, et, plein de foi et d'allégresse, je bénis votre nom. Mais cette foi même ne me permettait pas d'être sans inquiétude au sujet de mes iniquités passées qui ne m'avaient pas encore été remises par le baptême (1).

V

QUAND arriva la fin des vacances, je fis savoir aux habitants de Milan qu'ils eussent à pourvoir leurs écoliers d'un autre *vendeur de paroles*, parce que j'avais résolu de me consacrer entièrement au service de Dieu, une poitrine souffrante et une respiration gênée m'interdisant d'ailleurs l'exercice de ma profession. J'écrivis au saint pontife Ambroise, pour

(1) Livre ix, c. 4.

lui confier mes erreurs passées et mes dispositions présentes, le priant de m'indiquer ce que je devais lire de préférence dans les Saintes Ecritures pour me préparer à l'immense grâce que j'allais recevoir.

Il me recommanda le prophète Isaïe, sans doute comme le héraut qui a le plus clairement annoncé l'Evangile et la vocation des gentils. Mais, ne l'ayant pas compris au début et pensant qu'il était partout aussi obscur, j'en remis la lecture au temps où j'aurais une plus grande expérience du langage divin (1)

(1) L. IX, c. 5.

CHAPITRE VINGT-UNIÈME.

LE BAPTÊME D'AUGUSTIN.

AUX approches du carême, Augustin et ses pieux amis revinrent à Milan, pour y suivre les instructions données aux catéchumènes par l'évêque Ambroise. Alypius et Adeodatus avaient aussi donné leurs noms pour être baptisés.

Ce fut le samedi saint, dans la vigile du 24 au 25 avril 387, qu'Augustin fut régénéré dans l'eau et le Saint Esprit. Le théâtre de ce grand événement fut l'église du Baptistère, qui portait alors le nom de Saint-Jean-aux-Fonts. C'était un riche oratoire, de forme octogone, couvert de marbres et de peintures, orné d'inscriptions en vers que saint Ambroise avait composées lui-même.

Une tradition poétique rapporte qu'au sortir de l'eau sainte, le néophyte, répliquant à l'évêque, improvisa avec lui, verset par verset, le chant triomphal du Te Deum. Mais elle n'a pas trouvé grâce devant la critique des Mabillon, des Cellier, des Pagi (1). Le

(1) Voyez l'abbé Martigny, *Dictionnaire des antiquités chrétiennes,* et la belle *Vie de saint Ambroise,* par M. l'abbé Baunard.

Te Deum *est généralement attribué à saint Nicet,
évêque de Trèves, en 527. — Saint Augustin a
révélé en quelques lignes l'ineffable joie dont
son âme fut alors inondée. Il a raconté, dans
un admirable langage, l'impression suave et
profonde que firent sur lui les chants litur-
giques que venait d'inaugurer l'Eglise
de Milan, et les miracles opérés par
les saintes reliques des martyrs
Gervais et Protais. Mais il
faudrait avoir son cœur
pour le bien com-
prendre !*

I

LE temps était venu de m'enrôler dans l'armée du Christ. Nous quittâmes Cassiciacum pour retourner à Milan. Alypius voulut renaître en vous avec moi. Déjà il avait revêtu cette humilité qui rend digne de vos sacrements, intrépide à dompter son corps, jusqu'à fouler pieds nus, — prodige d'austérité, — ce sol d'Italie couvert de glace.

Nous nous associâmes le jeune Adéodatus, ce fils de mon iniquité, que vous aviez comblé de vos dons. A peine âgé de quinze ans, il surpassait en génie des hommes avancés dans la vie et dans la science.

Ce sont vos dons que je publie, Seigneur mon Dieu, créateur de toutes choses, dont la puissance réforme nos difformités. Car en cet enfant il n'y avait de moi que le péché ; si je l'avais élevé dans votre crainte, nul autre que vous ne me l'avait inspiré. Oui, ce sont vos dons que je publie. Il est un livre écrit par moi, intitulé : *Le Maître;* mon interlocuteur est cet enfant; les réponses faites sous son nom sont, vous le savez, ses pensées de seize ans. Il s'est révélé à moi par des signes plus merveilleux encore. Son génie m'effrayait. Et quel autre que vous ne serait l'artisan de tels prodiges ?

Vous n'avez pas tardé à l'enlever à la terre ; son souvenir me laisse plein d'assurance, je suis sans inquiétude sur son enfance, sa jeunesse, sa vie entière.

Nous nous l'étions donc associé comme un frère en votre grâce, voulant l'élever pour vous.

Et nous fûmes baptisés ! Et tout remords du passé s'enfuit loin de nous ! En ces jours-là, je ne me rassasiais pas de contempler la profondeur de vos desseins sur le salut du genre humain.

II

QUE de larmes j'ai versées en écoutant vos hymnes, vos cantiques, vivement ému des mélodieux chants de votre Eglise ! Ces chants, coulant dans mon oreille, épanchaient la vérité dans mon cœur, y soulevaient des élans de pitié et m'arrachaient des larmes, larmes bienheureuses (1) !

L'Eglise de Milan venait d'adopter cette pratique consolante et sainte ; dans un même concert, les frères mêlaient avec amour leurs voix et leurs cœurs. Il y avait un peu plus d'un an, Justine, mère du jeune empereur Valentinien, séduite par les Ariens, persécutait votre serviteur Ambroise.

(1) L. ix, c. 6.

Le peuple fidèle passait les nuits dans l'église, prêt à mourir avec son évêque; et ma mère, votre servante, la première à prendre sa part d'angoisses et de veilles, n'y vivait que d'oraisons.

Nous-mêmes, dont la flamme du Saint-Esprit n'avait pas encore échauffé la tiédeur, nous étions émus de ce trouble, de cette consternation de toute une ville.

Alors, pour prémunir le peuple contre l'abattement et l'ennui, on résolut de chanter des hymnes et des psaumes, selon l'usage de l'Eglise d'Orient, qui, retenu parmi nous, s'est répandu, de proche en proche, dans presque toutes les parties du bercail catholique.

III

A LA même époque, vous révélâtes en songe à votre évêque le lieu qui recélait les corps des martyrs Gervais et Protais. Vous les aviez gardés à l'abri de la corruption pendant tant d'années dans le trésor de vos secrets, voulant les produire en temps opportun pour réprimer la fureur d'une femme, mais d'une femme qui portait le sceptre. Retrouvés, exhumés, on les transfère solennellement à la basilique Ambroisienne, et les possédés sont délivrés des esprits immondes, de l'aveu même de ces démons. Un citoyen très connu, aveugle depuis longtemps, demande et apprend la cause de l'enthousiasme du peuple; il se lève et prie son guide de le mener à ces reliques. Arrivé là, il est admis à toucher avec un mouchoir le cercueil où reposent les restes de vos Saints dont la mort fut précieuse devant vous.

Il le fait, touche ses yeux, qui s'ouvrent à l'instant. Le bruit s'en répand, vos louanges éclatent, et si le cœur de la femme ennemie n'est pas rendu à la santé de la foi, il est du moins réprimé dans ses fureurs de persécution.

Grâces à vous, mon Dieu! D'où avez-vous rappelé mon souvenir, pour que je révélasse à votre gloire ce grand prodige que, par oubli, j'avais omis de raconter?

Hélas! lorsque tout exhalait ainsi la vive odeur de vos parfums, je ne courais pas après vous! Et c'est ce qui me faisait tant pleurer en écoutant vos cantiques. J'avais soupiré si longtemps après vous! Enfin je respirais autant qu'on le peut sur la terre, vile cabane de chaume (1)!

O vous, *qui rassemblez dans une seule maison ceux qui n'ont qu'une âme* (2), vous nous avez associé alors un jeune compatriote, Evodius, officier de l'empereur, converti et baptisé avant nous, qui avait quitté la milice du siècle pour servir dans la vôtre.

Réunis, saintement résolus à vivre en commun, nous cherchions un lieu propice au dessein de vous servir, prêts à retourner ensemble en Afrique (3).

(1) L. ix, c. 7.
(2) Psaume xlvii.
(3) L. ix, c. 8.

CHAPITRE VINGT-DEUXIÈME

AUGUSTIN, *dans l'élan de sa reconnaissance, aimait à répéter qu'après Dieu, il devait absolument tout à sa mère :* Nostra mater, cujus meriti credo esse omne quod vivo (1).

L'œuvre de Monique était consommée ; elle n'avait plus qu'à mourir. Elle s'endormit dans le Seigneur, à Ostie, âgée de cinquante-six ans. Avec le récit de ses derniers moments s'achève l'histoire de la jeunesse d'Augustin.

Mais, avant de raconter l'admirable mort de sa mère, le grand converti éprouve le besoin de faire l'éloge de sa vie et de ses vertus. Il la canonise en quelque sorte, il l'invoque avec confiance au ciel, lui qui déjà sur la terre la regardait comme sa patronne et sa médiatrice. Un jour, à Cassiciacum, après avoir devisé sur l'ordre ou la providence, il concluait ainsi : « Prions pour obtenir, non point les richesses, les honneurs, les biens éphémères d'ici-bas, mais ceux

(5) *De beata vita,* c. i, n. 6.

qui peuvent seuls nous rendre bons et heureux. Et
pour que nos vœux soient pleinement accomplis,
c'est à vous surtout, ma mère, que nous nous
adressons. Vos prières, j'en ai l'assurance,
m'ont obtenu de Dieu la grâce de préférer
à tout la vérité, unique objet de ma pensée,
de mon ambition, de mon amour. Cet
immense bien, dont vos mérites m'ont
valu le désir, vos prières, je
persiste à le croire, m'en
vaudront la possession
éternelle (1). »

(1) *De ordine*, c. xx, n. 52.

I

Nous arrivions à Ostie, à l'embouchure du Tibre, quand ma mère mourut.

J'abrège, j'ai hâte de finir. Recevez mes confessions, mon Dieu, et les actions que je vous rends, même en silence, pour vos innombrables bienfaits. Mais je ne tairai pas tout ce qui naît en mon âme de pensées et d'affections au sujet de votre servante qui m'a enfanté dans son sein à la vie du temps, et dans son cœur à la vie éternelle. Ce ne sont point ses mérites, mais vos faveurs que je dirai ; aussi bien ne s'est-elle point faite ni élevée elle-même. C'est vous qui l'avez créée, et ni son père ni sa mère ne savaient ce que leur enfant devait être un jour. Qui l'instruisit dans votre crainte ? La houlette du Christ, la direction de votre Fils unique, dans une maison fidèle, portion précieuse du bercail de votre Église.

Elle ne se louait pas tant du zèle de sa mère à l'élever, que des soins d'une vieille servante qui avait porté son père tout petit, ainsi que les jeunes filles ont coutume de porter sur le dos les petits enfants. Ce souvenir, sa vieillesse, ses mœurs exemplaires lui assuraient dans une maison chrétienne la vénération de ses maîtres qui lui avaient commis la conduite de leurs filles. Son zèle répondit à tant de confiance ; elle était au besoin d'une sainte rigueur pour les corriger, et toujours d'une admirable prudence pour les instruire.

Hors les heures de leur modeste repas avec leurs parents, fussent-elles dévorées de soif, elle ne leur permettait pas même de boire de l'eau, prévenant une habitude funeste, et disant avec un grand sens : « Vous buvez de l'eau maintenant, parce que vous n'avez pas de vin à votre disposition ; mais, quand vous aurez, dans la maison de votre mari, les clés des celliers, vous dédaignerez l'eau, sans renoncer à l'habitude de boire. »

Par ces sages remontrances et par l'autorité de ses conseils, elle réprimait les convoitises du premier âge, elle apprenait aux jeunes filles à régler leur soif d'après l'exacte bienséance qui exclut jusqu'au désir de ce qu'elle ne permet pas.

Et néanmoins, c'est l'aveu que votre servante faisait à son fils, le goût déréglé du vin peu à peu s'empara d'elle. Quand ses parents l'envoyaient, selon l'usage, comme une sobre enfant, puiser le vin à la cuve, après avoir baissé le vase pour le remplir, et avant de le verser dans le flacon, elle y touchait du bout des lèvres, arrêtée aussitôt par la répugnance. Ce n'était pas l'effet d'un mauvais penchant, mais une de ces saillies de l'âge, une de ces espiègleries d'enfant que l'autorité doit réprimer.

Or, *le mépris des petites choses menant pas à pas à l'abîme* (1), il arriva qu'ajoutant chaque jour quel-

____

(1) Livre de l'Ecclésiastique, xix, 1.

ques gouttes, elle prit l'habitude de vider d'un trait une petite coupe presque pleine.

Où était alors cette vieille gouvernante si sage ? où étaient ses austères défenses ? Contre ce mal caché, quel autre remède, ô mon Dieu, que votre vigilante sollicitude ? En l'absence de son père, de sa mère, de tous ceux qui prenaient soin d'elle, que fîtes-vous, Seigneur toujours présent, qui créez, appelez et, par l'entremise même des méchants, procurez le bien et le salut des âmes ? Quel fut le traitement ? D'où vint la guérison ? Par une secrète disposition de votre sagesse, un cruel sarcasme fut le fer aigu qui d'un coup trancha l'abcès. Une servante qui l'accompagnait d'ordinaire à la cave, se disputant un jour, comme souvent il arrive, avec sa jeune maîtresse, seule à seule, lui lança le reproche insultant de buveuse. Elle, percée de ce trait, reconnaît la laideur du défaut, le réprouve et s'en corrige.

Tant il est vrai que, si la flatterie des amis nous perd, le plus souvent la censure des ennemis nous sauve. Mais votre justice ne les traite pas selon le bien que par eux vous nous faites, mais selon le ma qu'ils nous ont souhaité.

Que voulait cette servante en colère ? Piquer sa maîtresse, et non la guérir. Aussi le fit-elle en secret, soit que l'occasion décidât du temps et du lieu, soit qu'elle craignît elle-même un châtiment pour une révélation si tardive.

Mais vous, Seigneur, qui gouvernez le ciel et la

terre, qui faites servir à vos fins les flots profonds du torrent et réglez le cours troublé des siècles, c'est par la folie d'une âme que vous en guérissiez une autre, pour nous apprendre à ne pas nous attribuer l'efficacité de nos conseils (1).

II

FORMÉE à la modestie et à la sagesse, plutôt soumise par vous à ses parents que par ses parents à vous, dès l'âge nubile, elle fut donnée pour épouse à un homme qu'elle révéra comme un maître. Jalouse de vous le gagner, elle lui parlait de vous par ses vertus, qui la rendaient belle, aimable, admirable aux yeux de son mari. Elle souffrit ses infidélités avec tant de douceur, qu'elle ne lui en fit jamais de reproches, attendant que votre miséricorde lui donnât la chasteté avec la foi. Naturellement affectueux, il était facilement irascible. Aux emportements elle opposait le calme et le silence. Etait-il remis et apaisé, elle lui rendait à propos raison de sa conduite, s'il arrivait qu'il eût trop légèrement cédé à sa vivacité.

Plusieurs autres femmes de la ville, unies à des hommes plus doux, portant néanmoins sur leur vi-

(1) Livre IX, c. 8.

sage la trace des sévices domestiques, accusaient, dans l'intimité de l'entretien, la conduite de leurs maris; ma mère accusait leur langue, et leur donnait avec enjouement ce sérieux avis, qu'à dater de l'heure où lecture leur avait été faite du contrat de mariage, elles avaient dû le regarder comme l'acte authentique de leur servage ; ce souvenir de leur condition leur interdisait toute révolte contre leurs maîtres. Ces femmes, connaissant l'humeur violente de Patricius, ne pouvaient s'étonner assez qu'on n'eût jamais appris ni même soupçonné qu'il eût frappé sa femme, ou qu'entre eux la paix domestique eût été un seul jour troublée. Quel était ce secret? demandaient-elles. Et Monique le leur révélait, comme je l'ai fait plus haut. Celles qui en faisaient l'essai avaient lieu de s'en féliciter ; celles qui n'en tenaient compte demeuraient dans la servitude et l'oppression.

Sa belle-mère, au commencement, s'était laissée prévenir contre elle sur les perfides insinuations de quelques servantes ; mais, désarmée par une patience inaltérable, par de nombreux gages de douceur et de respect, elle dénonça d'elle-même à son fils ces langues envenimées qui troublaient la paix du foyer, et sollicita le châtiment des coupables. Lui, dans l'intérêt de l'union et de l'ordre domestique, consentit à la correction réclamée par sa mère, qui promit même récompense à qui, pour lui plaire, lui dirait du mal de sa belle-fille. On s'en garda bien, et toutes les deux goûtèrent dès lors les charmes d'une bienveillante union.

Votre fidèle servante, dans le sein de laquelle vous m'avez créé, ô Dieu si miséricordieux pour moi, avait encore reçu de vous un don bien précieux. Dans tous les dissentiments et les animosités, elle n'intervenait que pour pacifier. Confidente de ces propos pleins de fiel et d'aigreur, que l'intempérance de la haine exhale en présence d'une amie, aux dépens d'une ennemie absente, elle ne rapportait de l'une à l'autre que ce qui pouvait servir à les réconcilier.

J'estimerais ceci peu de chose, si une triste expérience ne m'eût appris qu'un nombre infini de gens, frappés de je ne sais quelle contagion de péchés, ne se contentent pas de rapporter à l'ennemi irrité les paroles de l'ennemi irrité, mais en ajoutent encore qui n'ont pas été dites. L'humanité, au contraire, non contente de s'abstenir des mauvais propos qui excitent et enveniment la haine, ne doit-elle pas s'efforcer de l'éteindre par un langage affectueux ? Ainsi faisait ma mère, instruite par le Maître divin à l'école du cœur.

Elle parvint à vous gagner son mari, vers la fin de sa vie temporelle, et elle n'eut plus à pleurer chez le croyant ce qu'elle avait supporté chez l'infidèle.

Elle était aussi la servante de vos serviteurs. Tous ceux d'entre eux qui la connaissaient vous louaient, vous honoraient, vous aimaient en elle, tant ils sentaient en son cœur votre présence, attestée par les fruits de sa sainte vie. *Elle n'avait eu qu'un mari ;*

elle s'était acquittée envers ses parents ; elle avait pieusement gouverné sa maison, et ses bonnes œuvres lui rendaient témoignage (1).

Elle avait bien élevé ses fils, les enfantant de nouveau, chaque fois qu'elle les voyait s'éloigner de vous. Enfin, quand nous tous, vos serviteurs, — votre bonté nous permet ce nom, ô mon Dieu, — quand nous vivions ensemble, avant son dernier sommeil, dans l'union de votre amour et la grâce de votre baptême, elle soignait chacun de nous comme s'il eût été son fils, et le servait comme s'il eût été son père.

(1) Ire Épître à Timothée, c. v.

CHAPITRE VINGT-TROISIÈME.

VISION DU CIEL.

PAR une miséricordieuse prévenance de son amour, Dieu daigna donner au fils et à la mère, avant leur séparation, un avant-goût du bonheur éternel.

Venus à Ostie pour prendre la mer et regagner l'Afrique, Monique et Augustin s'entretenaient doucement à l'écart. La vue du jardin qui s'étendait sous la fenêtre, du Tibre mêlant ses eaux à la mer, de la campagne silencieuse, du ciel semé d'étoiles, loin de les distraire, élève leurs pensées vers Dieu. Montant l'échelle des êtres, ils s'élancent au delà du monde créé jusqu'à la région sereine où les élus contemplent face à face l'adorable Trinité. Ils y touchent... mais le sublime essor ne se soutient pas! Leur âme redescend vers la terre, pleine à la fois de regret et d'espérance, et disant : Hélas! pourquoi prolonger mon exil (1)?

L'exil va finir pour Monique. La mort lui est une délivrance ; son corps est un fardeau qu'elle quitte, sans s'inquiéter de ce qu'on en fera ; que lui importe

(1) Psaume CXIX.

*de ne pas revoir la terre d'Afrique, sa ville natale,
sa maison? Le ciel est la vraie patrie, la cité
permanente, la maison du père de
famille où elle va préparer
la place à ceux
qu'elle aime.*

I

LE jour approchait où ma mère allait sortir de cette vie : ce jour, connu de vous, nous l'ignorions, Seigneur ! Il arriva, je crois, par une secrète disposition de votre sagesse, que nous nous trouvions seuls, elle et moi, accoudés à une fenêtre d'où la vue s'étendait sur le jardin de la maison où nous étions descendus, au port d'Ostie. Là, loin de la foule, après les fatigues d'une longue route, nous nous reposions en attendant la traversée.

Nous étions donc seuls, conversant avec une ineffable douceur ; et *oubliant le passé, tout entiers à ce qui était devant nous* (1), nous cherchions ensemble, en présence de la Vérité, qui est vous-même, ce que sera pour les saints cette vie éternelle, dont *l'œil n'a rien vu, ni l'oreille rien entendu, où le cœur de l'homme ne peut atteindre* (2). Et la bouche de notre âme aspirait après l'eau céleste de votre fontaine, *fontaine de vie qui est en vous* (3), afin que, recueillant, selon notre mesure, quelques gouttes de sa rosée, nous pussions méditer un peu une chose si grande.

Et nos discours amenant cette conclusion, que la plus vive joie des sens dans le plus grand éclat des

(1) Épître aux Philippiens, III, 13.
(2) Ire Épître aux Corinthiens, II, 9.
(3) Psaume XXXV.

splendeurs corporelles, loin de soutenir le parallèle avec la félicité d'une telle vie, ne mérite pas même d'être nommée; portés en haut par un élan d'amour, nous montâmes, gravissant l'échelle des êtres corporels, jusqu'au ciel même d'où le soleil, la lune et les étoiles nous envoient leur lumière. Et notre pensée, notre parole, notre admiration pour vos œuvres s'élevaient toujours; arrivés à notre âme et passant au delà, nous atteignîmes enfin la région de l'inépuisable abondance où vous rassasiez éternellement Israël du pain de la vérité, où la vie est la Sagesse créatrice de ce qui est, de ce qui a été, de ce qui sera, Sagesse incréée, qui est ce qu'elle a été et ce qu'elle sera toujours, ou plutôt en qui il n'y a ni passé, ni futur, mais un éternel présent; car devenir ou avoir été, ce n'est pas être éternel.

Et parlant ainsi, aspirant à cette vie heureuse, nous y touchâmes un instant dans l'élancement de tout notre cœur; puis, en soupirant, nous y laissâmes fixées les prémices de l'esprit, et nous redescendîmes dans le bruit de nos voix, où la parole commence et finit. Et qu'y a-t-il en cela de semblable à votre Verbe, Notre-Seigneur, immuable en lui-même, qui, sans vieillir jamais, renouvelle toutes choses?

II

Nous disions donc: Qu'il y ait une âme en qui se taisent tous les tumultes de la chair, les fantômes de la terre, de l'air, des eaux, les cieux eux-mêmes ; qui, muette au dedans, s'oubliant elle-même, passe outre, sans s'arrêter aux songes, aux visions de l'imagination, aux paroles, aux signes, à tout ce qui est passager, car tout cela crie à qui sait entendre : Nous ne nous sommes pas faits ; il nous a faits, Celui qui demeure éternellement.

Cela dit, si toute créature se tait, après nous avoir rendus attentifs au Créateur ; s'il parle seul, non par ses œuvres, mais lui-même ; si son Verbe nous parle, non par la langue de chair, ni par l'oracle de l'ange, ni par la voix de la nuée, ni par l'énigme de la parabole, mais lui-même que nous aimons en tout, lui seul à l'exclusion de tout le reste, comme à cette heure où notre pensée, dans son élan rapide, touche à l'éternelle Sagesse, souveraine et immuable ; et que cet essor se soutienne, que toute vue d'un ordre inférieur cessant, la vision bienheureuse ravisse, captive, absorbe son contemplateur dans l'intime joie ; que la vie éternelle, en un mot, soit la perpétuité de cette fugitive extase qui nous fait soupirer encore, ne sera-ce pas l'accomplissement de la promesse : *Entre dans la joie de ton Seigneur* (1)? Et quand cela? Alors, sans doute, quand *nous ressusciterons tous, sans être tous changés* (2).

(1) Saint Matthieu, xxv, 21.
(2) Ire Épître aux Corinthiens, xv, 51.

III

Telles étaient nos pensées, sinon nos paroles. Et vous savez, Seigneur, que le jour où nous conversions ainsi, où le monde avec tous ses charmes nous apparaissait si méprisable, ma mère me dit : « Mon fils, en ce qui me touche, rien ne m'attache plus à cette vie. Qu'y ferais-je? Pourquoi y suis-je encore? Ici-bas, toute mon espérance est accomplie. La seule chose pour laquelle je désirais prolonger un peu ma vie, c'était de te voir chrétien catholique avant de mourir. Mon Dieu m'a surabondamment exaucée, puisque je te vois, au mépris de toute félicité terrestre, devenu son serviteur. Que fais-je encore ici (1) ? »

IV

Ce que je répondis à ces paroles, je ne m'en souviens pas bien; mais à cinq ou six jours de là,

(1) Livre IX, c. 8.

elle se coucha, saisie par la fièvre. Durant sa maladie, elle eut un jour une défaillance qui la priva un instant de tout sentiment. Nous accourûmes ; revenant à elle, elle nous regarda, mon frère et moi, debout près du lit, et nous dit, comme nous interrogeant : « Où étais-je ? »

Et nous voyant muets de douleur : « Vous laisserez ici votre mère », dit-elle.

Je me taisais, réprimant mes larmes. Mon frère, en quelques mots, exprima le vœu qu'elle achevât sa vie dans la patrie plutôt que sur la terre étrangère.

Elle l'entendit, et, le visage ému, jeta sur lui un regard de reproche pour de telles pensées ; puis elle me regarda : « Vois comme il parle », me dit-elle ; et s'adressant à tous deux : « Laissez ce corps n'importe où, quittez ce souci. Je ne vous demande qu'une chose, c'est de vous souvenir de moi à l'autel du Seigneur, partout où vous serez. »

Nous ayant fait entendre sa pensée aussi bien qu'elle pouvait, elle se tut. Le progrès de la maladie redoublait sa souffrance.

Et moi, Dieu invisible, méditant sur vos dons, que vous semez dans le cœur des fidèles pour y faire mûrir d'admirables moissons, je me réjoussais et vous rendais grâce au souvenir de la vive préoccupation qu'elle avait toujours eu de sa sépulture, dont elle avait choisi et préparé la place auprès du corps de son mari. Ayant vécu dans une grande union, elle voulait, ô insuffisance de l'esprit humain pour les choses divines ! ajouter à ce bonheur et donner lieu de dire aux hommes qu'après son voyage d'outre-mer, elle avait eu la faveur de mêler sa poussière à celle de son époux sous une même terre !

Depuis quand ce vide de son cœur avait-il été comblé par la plénitude de votre grâce, je l'ignorais, et cette confidence qu'elle venait de faire me pénétra d'admiration et de joie.

Déjà, il est vrai, dans notre entretien à la fenêtre, ces paroles qu'elle avait dites : « Que fais-je ici ? » témoignaient assez qu'elle ne tenait plus à mourir dans sa patrie.

J'appris encore qu'à Ostie même, un jour, en mon absence, elle avait parlé, avec une confiance toute maternelle, à plusieurs de mes amis, du mépris de cette vie et du bien de la mort. Admirant la vertu que vous aviez donnée à une femme, ils lui demandaient si elle ne redouterait pas de laisser son corps si loin de son pays. « Rien n'est loin de Dieu, répondit-elle, et il n'est pas à craindre qu'à la fin des siècles il ne reconnaisse pas la place où il doit me ressusciter. »

Ce fut ainsi que, le neuvième jour de sa maladie, dans la cinquante-sixième année de son âge, cette âme pieuse et sainte fut affranchie de la chair.

CHAPITRE VINGT-QUATRIÈME

DOULEUR ET CONSOLATION.

'AMOUR de Dieu est le principe, la règle, la fin de tout autre amour légitime. Depuis que la grâce avait pris possession du cœur d'Augustin, elle l'avait dilaté, elle l'avait ouvert aux saintes affections, le purifiant de tout grossier alliage.

Certes, Augustin avait toujours chéri sa mère, et cependant que de larmes il lui avait fait verser! Comme il avait trompé sa tendresse, le jour où, prenant la fuite, il l'abandonna! Mais maintenant il est tout à elle, parce qu'il est tout à Dieu. Union que la mort ne peut briser, car deux âmes ne sont point séparées parce que l'une d'elles s'affranchit de la captivité du corps. Elles demeurent inséparables en Celui qui est leur unique centre, leur espérance immuable et leur suprême bien.

C'est pourquoi, Augustin, pleurant sa mère, n'est pas inconsolable comme lorsqu'avant sa conversion il pleurait son ami perdu. La foi le soutient et l'encourage, en lui disant que cette vie est un exil, la mort une délivrance, l'éternité un bienheureux rendez-vous.

I

JE lui fermai les yeux; une douleur immense envahissait mon cœur et s'épanchait en larmes qui, bientôt réprimées par un impérieux effort, me laissaient les yeux secs; mais combien je souffrais de me faire ainsi violence!

Ma mère rendait à peine le dernier soupir, que le jeune Adeodatus éclatait en sanglots; nous l'en reprîmes, il se tut.

De même, en moi, cette faiblesse d'enfant qui s'abandonnait aux pleurs, vivement réprimée, se taisait. Car nous ne pensions pas qu'il fût juste d'accompagner ce deuil de lamentations, à l'exemple de ceux qui pleurent une mort comme un malheur ou même comme un complet anéantissement. Ma mère n'était pas malheureuse de mourir, elle ne mourait pas tout entière. Nous en avions pour garants sa vie, sa foi sincère et les raisons les plus certaines.

Qu'est-ce donc qui me faisait au-dedans de moi si cruellement souffrir, sinon la soudaine rupture de cette douce et chère habitude de vivre ensemble, récente blessure de mon cœur? Je me félicitais toutefois du témoignage qu'elle m'avait rendu jusque dans sa dernière maladie, quand, souriant à mes soins, elle m'appelait *son bon fils*, et redisait avec l'affection la plus tendre que jamais elle n'avait surpris sur mes lèvres un trait dur, une parole peu respectueuse, qui lui fût adressée. Mais, ô Dieu créateur, cette respectueuse déférence était-elle comparable aux humbles services qu'elle me rendait ?

C'était donc la perte de cette grande consolation qui me navrait, c'était le déchirement de deux âmes, de deux vies, confondues en une seule.

Quand on eut arrêté les pleurs de l'enfant, Evodius prit le Psautier, et se mit à chanter ce psaume auquel nous répondions tous : « *Seigneur, je chanterai votre miséricorde et votre justice* (1). »

II

A LA nouvelle de ce qui se passait, un grand nombre de frères et de femmes pieuses accoururent, et tandis que ceux qui en avaient la charge s'occupaient des funérailles, je me retirai où je pouvais être avec bienséance, en la compagnie de ceux qui ne jugeaient pas devoir me laisser seul. Je m'entretins avec eux de ce qui convenait à un pareil moment, endormant avec le baume de la vérité ma douleur connue de vous, ô mon Dieu ! mais ignorée de ceux qui, tout à

(1) Psaume c^e.

ce que je disais, ne soupçonnaient rien de ma torture.

Cependant, penché à votre oreille, sans être entendu de personne, je gourmandais mon cœur trop tendre, je contenais le flot de mon affliction. Elle me cédait un peu, puis redoublait d'impétuosité, sans toutefois aller jusqu'à l'effusion des larmes, jusqu'à l'altération du visage. Seul, je savais tout ce que je refoulais dans mon cœur. Et, dans mon déplaisir de laisser tant de prise sur moi aux accidents humains, nécessaire conséquence de l'ordre de la nature et de notre condition présente, j'ajoutais douleur à douleur et souffrais une double agonie.

III

On porte le corps à l'église; j'y vais, j'en reviens, sans avoir versé de larmes. Même pendant les prières que je vous adressais, tandis qu'on offrait pour elle le sacrifice de notre rédemption, en présence du cadavre placé, selon la coutume du lieu, au bord de la fosse et près d'y descendre, même alors, je ne pleurai pas.

Mais tout le jour, en secret, quelle profonde tristesse! L'esprit troublé, je vous suppliais, comme je pouvais, de guérir ma peine, et vous ne le faisiez pas, afin de m'apprendre, sans doute, par cette expérience, quel est le pouvoir de l'habitude même sur une âme qui ne se repaît plus de vanités.

Je m'avisai d'aller au bain, ayant entendu dire que les Grecs l'ont appelé βαλανεῖον, parce qu'il chasse les inquiétudes de l'esprit. Mais j'avoue en présence de votre miséricorde, ô Père des orphelins, que le bain me laissa tel que j'y étais entré. L'amertume de mon chagrin n'en fut pas dissipée.

Je m'endormis, et, au réveil, je trouvai ma douleur bien calmée, et, seul dans mon lit, je me rappelais ces vers de votre serviteur Ambroise, dont je venais d'éprouver la vérité :

> Dieu Créateur de toute chose,
> Vous parez, arbitre des cieux,
> Le jour d'un éclat glorieux,
> La nuit d'un charme qui repose,
>
> Pour que le corps, las du labeur,
> Répare sa force épuisée,
> Que l'âme alanguie et brisée
> Oublie un moment la douleur (1).

Peu à peu je rentrai dans mes premiers sentiments sur votre servante ; et me rappelant son pieux

---

(1)
> Deus, creator omnium
> Polique rector, vestiens
> Diem decoro lumine,
> Noctem sopora gratia,
>
> Artus solutos ut quies
> Reddat laboris usui,
> Mentesque fessas allevet,
> Luctusque solvat anxios.

amour pour vous, et pour moi cette tendresse préve-
nante et sainte qui tout à coup me manquait, je goûtai la douceur de pleurer en votre présence à cause
d'elle et pour elle, à cause de moi et pour moi. Je
permis à mes larmes de couler tout à leur aise, pour
soulager mon cœur : il y trouva le repos, parce que
vous étiez seul à l'entendre, et que nul homme n'é-
tait là pour censurer orgueilleusement ma douleur.

Et maintenant, Seigneur, je vous en fais l'aveu par
écrit. Lise qui voudra ; que chacun juge à sa guise.
Et si quelqu'un trouve que j'ai mal fait de pleurer à
peine une heure ma mère morte pour un temps à
mes yeux, ma mère qui, durant tant d'années m'avait
pleuré devant vous, ô mon Dieu ; que celui-là ne me
raille pas, mais plutôt, s'il a beaucoup de charité,
qu'il vous offre ses pleurs pour mes péchés, à vous,
Père de tous ceux qui sont frères de votre Fils,
Jésus-Christ (1) !

IV

Aujourd'hui, le cœur guéri de cette blessure où la
tendresse naturelle avait peut-être trop de part, je
répands devant vous, mon Dieu, pour votre servante, de tout autres larmes, dont la source est dans

(1) Livre IX, c. 12.

un esprit ému du péril des âmes qui meurent en Adam.

Ma mère, il est vrai, vivifiée en Jésus-Christ, a vécu dans les liens de la chair de manière à glorifier votre Nom par sa foi et ses mœurs ; toutefois, je n'oserais dire que, depuis que vous l'eûtes régénérée par le baptême, il ne soit sorti de sa bouche aucune parole contraire à votre loi. N'a-t-il pas été dit par la Vérité, votre Fils : *Celui qui appelle son frère insensé est passible du feu* (1) ? Malheur à la vie la plus exemplaire, si vous la scrutez sans miséricorde !

Mais, comme vous n'examinez pas nos fautes avec rigueur, nous avons le confiant espoir de trouver un refuge dans votre indulgence.

Aussi bien quiconque énumère ses vrais mérites ne fait-il autre chose qu'énumérer vos dons. Oh ! si les hommes se reconnaissaient hommes ! *Oh! si celui qui se glorifie, se glorifiait dans le Seigneur* (2) !

Ainsi donc, ô Dieu de mon cœur, ma gloire et ma vie, mettant à part les bonnes œuvres de ma mère, dont je vous rends grâce avec joie, je vous demande à cette heure pardon pour ses péchés ; exaucez-moi, au nom du divin médecin qui, mis en croix, est désormais assis à votre droite afin d'intercéder sans cesse pour nous.(3)

Je sais qu'elle a fait miséricorde et de toute son

(1) Saint Matthieu, v, 22.
(2) II° aux Corinthiens, x, 17.
(3) Épître aux Romains, viii, 34.

âme *remis la dette aux débiteurs* (1). Remettez-lui donc aussi sa dette, s'il en est qu'elle ait contractée durant les longues années qu'elle a vécu après le saint baptême. Pardonnez, Seigneur, pardonnez, je vous en supplie; *n'entrez pas avec elle en jugement* (2). Que votre miséricorde l'emporte sur votre justice. Vos paroles sont véritables, et vous avez promis aux miséricordieux miséricorde. Vous leur avez donné de l'être, *vous qui avez pitié de qui il vous plaît d'avoir pitié, et faites grâce à qui il vous plaît de faire grâce* (3).

V

Déjà vous avez fait ce que je vous demande; je le crois, ô mon Dieu. Agréez néanmoins l'offrande de mon désir. Car, aux approches de la mort, elle ne songea pas à faire somptueusement ensevelir ou embaumer son corps; elle ne souhaita point un monument particulier; elle se soucia peu de reposer dans le tombeau de ses pères, elle ne nous recommanda rien de tout cela; elle exprima un seul vœu, qu'on fît mémoire d'elle à votre autel, aux mystères duquel elle avait fidèlement assisté chaque jour et où elle

(1) Saint Matthieu, VI, 12.
(2) Psaume CLXII.
(3) Épître aux Romains., IX, 16.

savait que se dispensait la Victime sainte qui a déchiré l'arrêt de notre condamnation et triomphé de l'ennemi acharné à compter et à dénoncer nos fautes, mais ne trouvant rien en l'auteur de notre victoire. Qui lui rendra son sang innocent? Qui lui rendra le prix dont il a payé notre délivrance? C'est à ce sacrement de rédemption que votre servante avait attaché son âme par le lien de la foi.

Que personne ne l'arrache à votre protection! Que ni par force, ni par ruse, le lion-serpent ne se jette entre elle et vous! Elle ne dira pas qu'elle ne doit rien, de peur d'être convaincue par le perfide accusateur et de lui donner gain de cause; mais elle répondra que sa dette lui a été remise par Celui à qui personne ne rendra ce qu'il a payé pour nous sans le devoir.

Qu'elle repose donc en paix, avec l'homme qui fut son unique époux, qu'elle servit avec une patience dont elle vous offrait les fruits, afin de le gagner à vous.

Inspirez, mon Seigneur et mon Dieu, à vos serviteurs mes frères, à vos enfants mes maîtres, que je sers de mon cœur, de ma plume, inspirez à tous ceux qui liront ces lignes le souvenir, à votre autel, de Monique, votre servante, de Patrice, son époux, par lesquels vous m'avez introduit en ce monde; comment, je l'ignore. Qu'ils se souviennent avec une affection pieuse, de ceux qui furent mes parents dans cette vie passagère, mes frères en vous, ô Père, en notre mère, l'Eglise catholique, et qui seront mes concitoyens en l'éternelle Jérusalem, après laquelle

votre peuple pèlerin soupire, depuis le départ jusqu'au retour.

Ainsi ma mère obtiendra plus abondamment, par
les prières de plusieurs, cette grâce pour laquelle elle
sollicitait les miennes à son heure dernière.

FIN

TABLE DES MATIÈRES

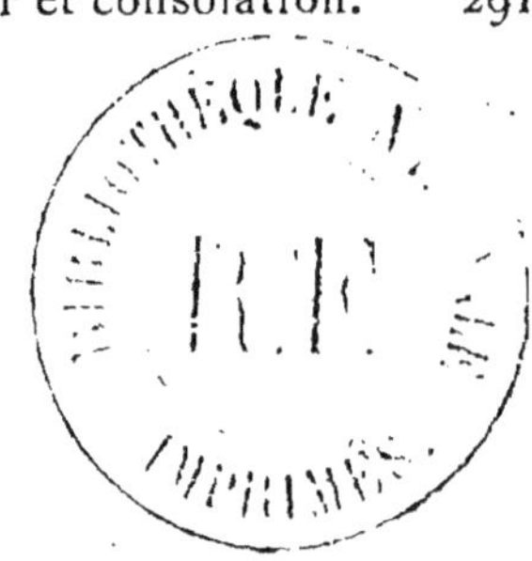

POITIERS. — TYPOGRAPHIE OUDIN.

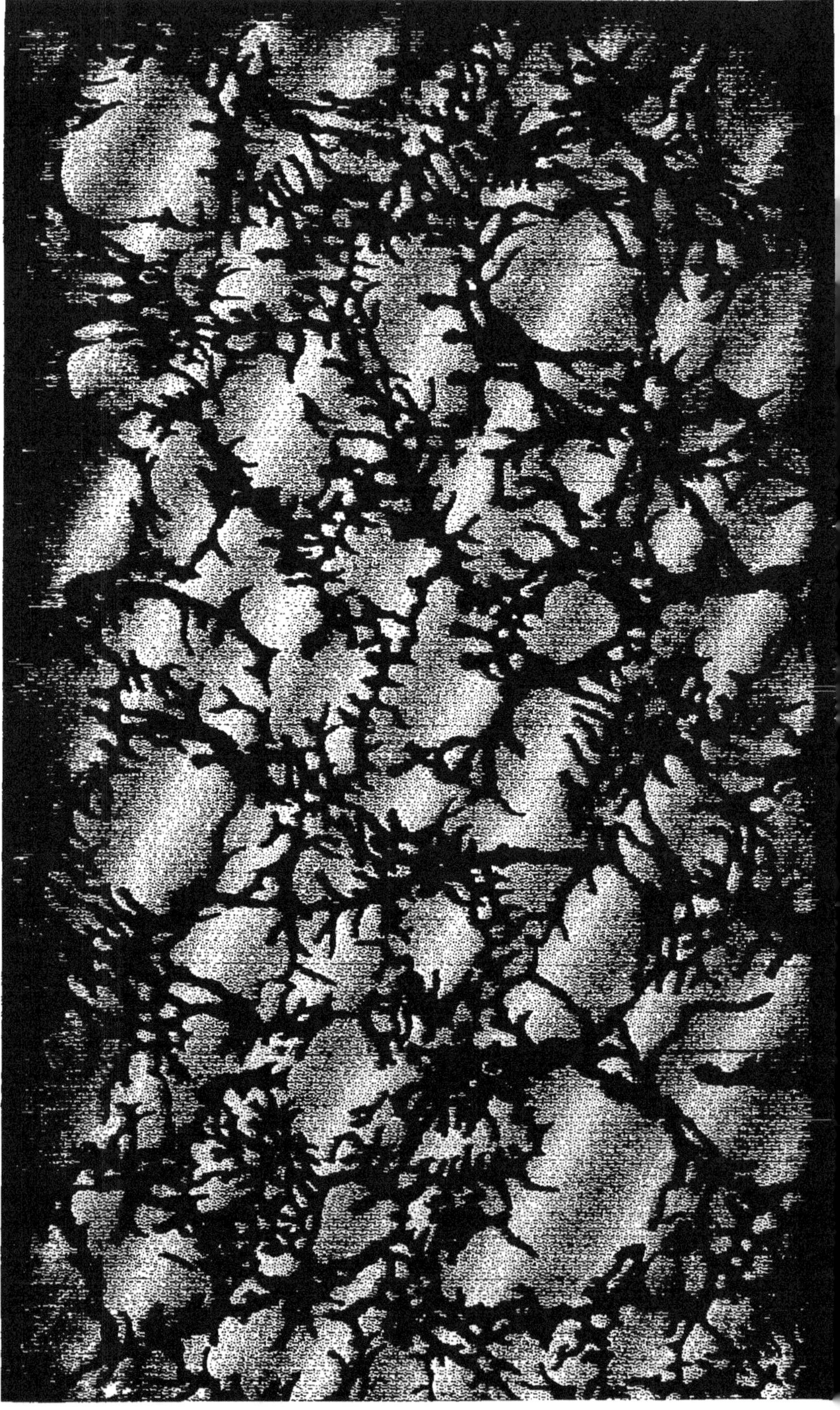

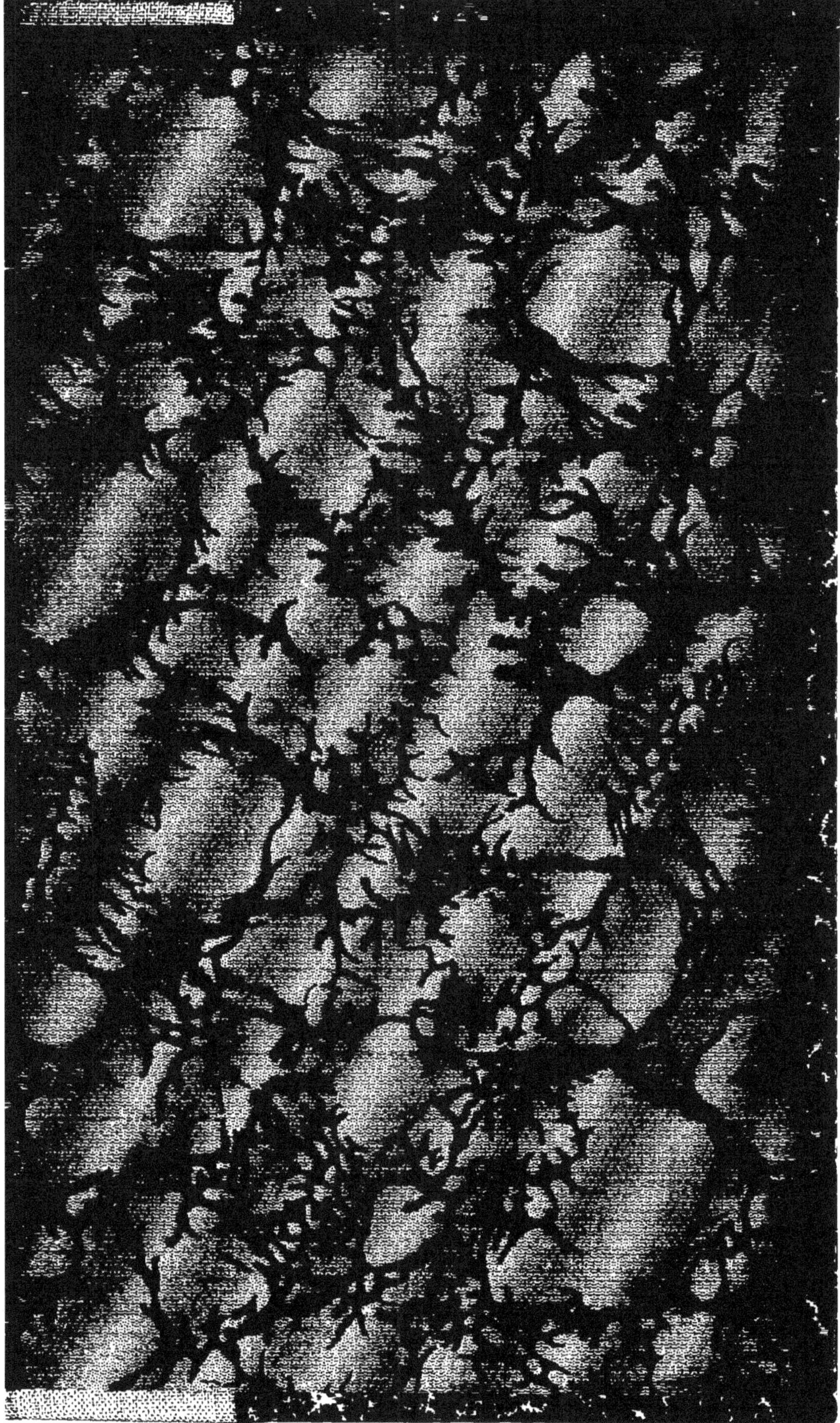

BIBLIOTHEQUE NATIONALE DE FRANCE

3 7502 008540116

www.ingramcontent.com/pod-product-compliance
Lightning Source LLC
Chambersburg PA
CBHW071532030726
47598CB00001B/96